汉字真相

丁毅 ◎ 著

汉字部件要义解读

南海出版公司

2025·海口

图书在版编目（CIP）数据

汉字真相：汉字部件要义解读 / 丁毅著 . -- 海口：
南海出版公司，2025. 4. -- ISBN 978-7-5735-0737-2

Ⅰ . H12

中国国家版本馆 CIP 数据核字第 2025YU2671 号

HANZI ZHENXIANG —— HANZI BUJIAN YAOYI JIEDU

汉字真相——汉字部件要义解读

作　　者　丁　毅
责任编辑　余　靖
排版设计　中北传媒
出版发行　南海出版公司　电话：（0898）66568511
社　　址　海南省海口市海秀中路51号星华大厦五楼　邮编：570206
电子信箱　nhpublishing@163.com
印　　刷　三河市龙大印装有限公司
开　　本　880毫米×1230毫米　1/32
印　　张　8
字　　数　182千字
版　　次　2025年4月第1版　2025年4月第1次印刷
书　　号　ISBN 978-7-5735-0737-2
定　　价　58.00元

序

作为全世界最难学习的语言，难识难懂是汉语的重要特征，如一字多义、一字多音、多字同音等，不仅给中国人，也给外国人学习汉语带来了困难。其中的一个重要因素是汉字经过了几千年的演变，在这一过程中既有继承也有改变，因此，学会学懂学好汉语，就需要从现实与历史、微观与宏观、局部与系统、本源与演变的视角来识别和理解汉字。

从汉语发展的历史进程来看，当今的汉字是经过几千年的不断创新、演化和变形而形成的，它是唯一一种在构造上经历了表形、表义和表音三个不同阶段但又相互继承、融合且没有断裂的语言。在汉字的象形字、指事字、会意字、形声字、转注字和假借字造字过程中，可以明显地看到汉字在不断向表音造字这样一种世界语言的主流造字方法演进，但是由于汉字的音节表达比较简单，这就形成了理解汉字需要表形、表义和表音相互配合，才能区分同一个发音要表达的不同含义，这也是汉语学习的难点之一。在汉语学习过程中，通过汉语拼音可以了解汉字的发音，但很多时候却无法真正了解汉字的含义，从而导致使用汉字的时候错漏百出。这就呈现出了一种内心的需求，在学习汉字的时候除了要知道它的发音，还需要知道它最原始的本义，继而理解由其本义衍生出的引申义，从而真正学懂汉字。但在汉字几千年的传承中，有些编码信息遗失了，汉字结构的变化也使得对汉字意义的理解随着时代的变迁而愈加困难。考古知识和历史考证的不断累积，使得我们终于有机会追溯汉字几千年前的模样。

汉字的起源与人的生理、心理特征及所处环境密切相关，"画成其物，随体诘诎""近取诸身，远取诸物"是汉字造字的重要逻辑。要解读当今汉字的真正含义，就需要将思绪回溯到几千年前那个远古的时代，特别是殷商时期。解读汉字必须推测当时人们的生活状态、所处的环境，推测他们如何理解世界等。作为先民对世界的描述和理解，在几千年的时光中，部分汉字的本义得以保存，而许许多多的汉字却被历史的尘埃掩埋，因此考证汉字的原本含义是极其困难的，它需要证据，需要逻辑，需要推理。随着科学技术和考古技术的发展，我们比以前任何时候都有机会来有理有据地探索这一领域。在探索的过程中，为了更接近真相，就需要借助考古学和历史学的研究成果来判断汉字的物象来源，以及汉字的造字方法，寻找线索，在诸多古文献中求证，最后确定更接近于真相的本义。

要理解汉字，确定汉字原本的含义，需要从最基本的汉字构成部件来解析，它们是构成表形和表义汉字的基础，在这一部分主要涉及象形字、指事字和会意字，还会涉及表形构件（与事物相关的具体形象）、表义构件（概括的语义）、标示构件（非独立构件，附加在某一构件上起区别和指事作用）、示音构件（提示相同或相近的语音）。象形字是通过视觉对事物形态的感知继而用线条来表示事物的抽象概念，指事字是在象形字和象形图案上增加一些没有物象意义的符号来表达概念，会意字是由两个或两个以上可以理解的表义符号组合形成的新概念。它们体现了人们对日益增多的知识内源记录的需求，也是上古和商周时期人们对世界认知的一种抽象表达。

为了方便学习和查询，本书以中华人民共和国教育部国家语言文字工作委员会在 2009 年制定的《语言文字规范：汉字部首表》（GF 0011—2009）作为第一部分部件要义解读，以中华人民共和国教育部国家语言文字工作委员会在 2009 年制定的《语言文字规范：现代常用字部件及部件名称规范》（GF 0014—2009）作为第二部分的部件补充要义解读，以上两部分部件中涉及的特殊部件作为第三部分要义解读。在每个部件的解析上，按照汉字笔画顺序对部件进行排序，每一个部件都给出字形，读音，甲骨文、金文、小篆（说文解字体）、汉隶书、楷书和宋体简体字的字形（部分甲骨文、金文、小篆、隶书缺失），部件的本义，部件的引申义，部件表义的记释方法，部件的表义含义，义例来源，部件表义的简要构字列举（部分构件无），以最精简的方式对汉字的常用部件做出解释，以达到理解汉字部件本义、引申义和主要含义的目的。

读懂中华文明是一项艰巨的工作，需要付出巨大的努力，这里仅仅把汉字部件要义的解读作为一把打开中华文明之门的钥匙。笔者经过了多年的探索、求知、求证，反复修订而成此书，希望通过本书及其后续的工作为解读中华文明作出一点贡献，也希望能给广大学习中文的人士一点参考。

解读汉字是一项艰巨的任务，因为汉字本身就是历史的呈现，它在历史中诞生，在历史中演化，最终成为我们今天看到的样子，我们需要仔细地呵护和品味，继往开来，求真务实。最后，殷切期望读者对于书中的不足之处给予指正。

丁　毅

2024 年 9 月于贵阳

目　录

五　画

第一部分

部首

一　画

一（yī）

甲骨文	金文	小篆	隶书	楷书	简书
━　●	╱　━	一	一	一	一

象形字，古音读作 yie，表示右手将食指水平伸出，其余手指曲握的形态，是古人用来标记数目一的记号，表示数字"一"，是汉字中最简单的字，形态从甲骨文至今没有变化；引申为第一，万物的起始，相同，纯正，专一，整个，完全，某一，另外的，每，少许，统一，均等，自身等。

当人们要表达数目一的时候，自然而然地就会将右手的食指伸出，同时其他手指曲握，这个习惯性动作从古至今都没有改变。此外，当太阳从地平线上升起的时候，地平线就像一个拉长了的"一"。

在汉字笔画中称为"横"。

构字表义可记释为"一（yī）横数"。

表义与数目一，地面，水平线，横平状相关。

义例：如"弌（yī）"表示投掷狩猎工具"弋（yì）"时只有一次机会；"旦"表示太阳刚刚从地平线上升起。

丨（gǔn）

甲骨文	金文	小篆	隶书	楷书	简书
		丨	丨	丨	丨

象形字，表示书写、刻字工具的形态；引申为混同成一体。

抽象地用一条竖直线来表示很多具有相似竖直特征的物体，外延含义比较广。

在汉字笔画中称为"竖"。

构字表义可记释为"丨（gǔn）竖通"。

表义与书写工具，刻刀，上下相通，混同相关。

义例：如"尹，甲骨文：𠃌"表示用手握着竖直的刻刀进行刻写工作；"書，金文：𦥯"表示手握着竖直的笔书写。

丿（yì，piě）

甲骨文	金文	小篆	隶书	楷书	简书
		丿	丿	丿	丿

yì，象形字，抽象字根，以道路弯弯曲曲从当前位置向远处延伸的形态表示延伸、继续等抽象意义；引申为至。

piě，在汉字笔画中称为"撇"。

当需要表达延伸的含义时，人们受到眼前的道路弯弯曲曲伸向远方的形态的启发，创造出简单抽象的弯曲线条来表达这个含义。

构字表义可记释为"丿（yì）撇伸"。

既表义又表音，表义与延伸相关。

义例：如"延，金文： "表示走在延伸的长路上。

、（zhǔ）

甲骨文	金文	小篆	隶书	楷书	简书
		丶	丶	丶	丶

象形字，表示油灯火焰的形态；引申为主要、最重要的。也作为断句的符号。

当夜晚需要光亮时，人们就点亮一盏油灯，能发出光亮的是灯头火焰，而灯头火焰就是油灯最为重要的部分，因此为了表示主要和重要的事物，人们就以一个上细、下略圆的灯头火焰形状作为概括，以此表达主要的含义。

在汉字笔画中称为"点"。

构字表义可记释为"、（zhǔ）点主"。

表义与主要相关。

义例：如"主"表示灯芯火焰。

乛、乛、乚、乙（yǐ）

甲骨文	金文	小篆	隶书	楷书	简书
⟍	⟍	⟍	乙	乙	乙

象形字，表示绳索弯曲缠绕的形态，现在这个字同时用作偏旁和独字；引申为序数第二位，天干第二位，乙方等。

当看到一根弯曲缠绕的绳子的形态，人们就用最简单的一条弯曲两次的曲线条来表达。

"乛"在汉字笔画中称为"横钩"，构字表义可记释为"横钩乛（yǐ）弯"。

"乛"在汉字笔画中称为"横折钩"，构字表义可记释为"横折钩乛（yǐ）弯"。

"乚"在汉字笔画中称为"竖弯钩"，构字表义可记释为"竖弯钩乚（yǐ）弯"。

"乙"在汉字笔画中称为"横折弯钩"，构字表义可记释为"横折弯钩乙（yǐ）弯"。

既表义又表音，表义与弯曲缠绕相关。

义例：如"乱、亂，金文：🎗"表示用双手整理杂乱无章的丝线使之整齐、有条理的意思。

乁（fēi）

甲骨文	金文	小篆	隶书	楷书	简书
			乁	乁	乙

象形字，表示鸟在空中飞舞的形态。

鸟在空中飞翔，时而平飞，时而往上飞，时而往下飞，这个字就抽象地描述鸟儿在空中飞行的状态。

构字表义可记释为"鸟乁（fēi）"。

既表义又表音，表义与空中弯曲相关。

义例：如"飞（飛）"表示动物在空中弯曲飞翔的样子；"风、風，甲骨文：𤔔"表示扇动翅膀使空气流动。

二　画

十（shí）

甲骨文	金文			小篆	隶书	楷书	简书
╎	╎	𖤓	╎	十	十	十	十

象形字，表示右手握拳，手臂向上伸直的形态，金文在竖中间加上一个点，后演变成一笔横，明确地表达"数目十"；引申为序数第十，数量很多，十倍，完备，直上直下，升举等。

上古时期，当需要表达数目十的含义时，人们就会自然而然地将手臂向上伸直并握拳，于是创造了用一笔较粗的竖线来表达数字十的概念，同时也就有了直上直下的含义。

构字表义可记释为"十（shí）数直"。

既表义又表音，表义与升举，直上直下相关。

义例：如"隼（sǔn）"表示一种会从高空直直向下俯冲的鸟。

厂，厂（hǎn，chǎng）

甲骨文	金文	小篆	隶书	楷书	简书
	厂	厂	厂	厂	厂

hǎn，会意字，抽象字根，它表示一种运动的反方向状态，即事物向相反方向运动反转的意思。

chǎng，形声字，"廠"的简化字，左上面是表义构件"广"（敞开的房屋），右下面是示音构件"敞"，表示没有墙壁或只有一面墙壁的简易房屋；引申为牲口棚，众人聚集在一处生产加工的场所，宽敞的物品存放场所，临时搭建的有顶无壁的台子等。

构字表义可记释为"厂（hǎn）反转"。

既表义又表音，表义与相反方向的运动相关。

义例：如"反，甲骨文：⺁"表示将右手（又）背在身后。

匚（fāng）

甲骨文	金文	小篆	隶书	楷书	简书
彐匚	彐匚	匚	匚	匚	匚

象形字，表示一种方形开口盛物器具的侧放形态。

构字表义可记释为"匚（fāng）盛器"。

表义与盛物品的器物相关。

义例：如"匣"表示收藏物品的小器具。

卜（卜）（bǔ）

甲骨文	金文	小篆	隶书	楷书	简书
卜卜	卜卜	卜	卜	卜	卜

象形字，表示灼烧龟甲后留下的横竖裂纹的形态；引申为预测吉凶的活动，预测，选择，赐予，这边到那边等。

在殷商时期，为了判断某事的吉凶，人们总是喜欢用龟甲来烧灼，然后用烧灼后龟甲上留下的裂纹来判断和预测，"卜"这个字就是龟甲表面所形成的裂纹的一种简单线条表达。

构字表义可记释为"占卜（bǔ）头/边"。

既表义又表音，表义与占卜相关。

义例：如"占，甲骨文：𠂤、𠂤"表示用"口"解说龟甲上的兆纹等。

刀，刂（dāo）

甲骨文	金文	小篆	隶书	楷书	简书

象形字，表示古代背面凸、刃面凹的刀具的形态；引申为切割砍削的工具，刀状物，小船，刀形钱币等。

构字表义可记释为"刀（dāo）具"。

既表义又表音，表义与刀具相关。

义例：如"刃"表示刀上起主要作用的锋面；"别，甲骨文：" 表示用刀剔骨，分解肉与骨。

冂，冂（jiōng）

甲骨文	金文	小篆	隶书	楷书	简书

象形字，表示圈出一边不封闭的范围的形态；引申为都城的远郊。

上古时期，人们常常要在一个可自由进出的限定范围内做交易等，而这个场所不能是封闭的，因此在造这个字时，就将一个封闭的"口"去掉了下面的横。

构字表义可记释为"冂（jiōng）围框"。

既表义又表音，表义与划定范围，较远距离相关。

义例：如"冈，甲骨文：" 表示远处山脊。

八，丷（bā）

甲骨文	金文	小篆	隶书	楷书	简书
八 丿	八 八	八	八	八	八

　　象形字，表示将手朝下食指与大拇指伸展，同时其他手指曲握的形态，表示数字"八"；引申为把一个物体分开，序数第八，多，学问大，财运等。

　　构字表义可记释为"八（bā）数分，丷（bā）倒八"。

　　既表义又表音，表义与分开，分割相关。

　　义例：如"分，甲骨文：八"表示将物体用刀切断；"半，金文：半"表示将牛从中间一分为二宰杀。

人，亻，ク，儿（rén）

甲骨文	金文	小篆	隶书	楷书	简书
亻亻亻亻	勹勹勹乇	尺	人	人	人

　　象形字，表示一个侧立、身体略微前倾的人挥动手臂行走的形态，能制造工具并使用工具进行劳动的高等动物（人类）的意思；引申为民众，每个人，一般人，别人，某种人，成年人，人的品质，人才，人的身体，自己，伴侣，人情事理，人为的等。

　　"人"构字表义可记释为"动物人（rén）"。

"亻"构字表义可记释为"单立人旁"。

"勹"构字表义可记释为"人字头"。

"儿"构字表义可记释为"人字底"。

既表义又表音，表义与人相关。

义例：如"介，甲骨文："表示一个人分开双脚跨站两边；"仙"表示住在高山里面修行得道的人；"危"表示人被卡住脖子，危险，不安全；"兄，甲骨文："表示已经可以开口讲话的男孩。

入（rù）

甲骨文	金文	小篆	隶书	楷书	简书
入 入 入 入	入 入 入	入	入	入	入

象形字，抽象字根，以尖状物体的形态表示进入的抽象含义；引申为采纳，交纳，参加，合乎，达到某种程度，收获的钱财等。

构字表义可记释为"进入（rù）"。

表义与进入相关。

义例：如"内，甲骨文："表示阳光从屋顶照进房屋。

勹（bāo）

甲骨文	金文	小篆	隶书	楷书	简书

象形字，表示人双手撑地，身躯离地，臀部抬起的形态，环绕着、包裹住的意思。

构字表义可记释为"包（bāo）字框"。

表义与弯曲，包裹相关。

义例：如"勹（bào）"表示伸出双手将人抱住。

匕（pìn，bǐ）

甲骨文	金文	小篆	隶书	楷书	简书

pìn，指事字，在表形构件母牛弯曲的尾巴上面加一个繁衍部位符号的标示构件，表示雌性。

bǐ，象形字，表示古代一种食具的形态，引申为短刀，叉子，汤勺一类的取食器，匕首，箭头等。

构字表义可记释为"匕（bǐ）雌勺"。

既表义又表音，表义与妇人，雌性，并列，取食器相关。

义例：如"牝（pìn），甲骨文：、"表示母牛；"匙（chí）"表示舀汤用的小勺子。

几（jī，jǐ）

甲骨文	金文	小篆	隶书	楷书	简书
几	几	几	几	几	几

jī，象形字，表示古人席地而坐用于倚靠并支撑身体的器具形态；引申为摆物件的小桌子，茶几等。

古代没有凳子，人们席地而坐，时间长了就会腰酸背痛，为了缓解这种不适，就发明"几"这种器具用于支撑身体，身体可以靠，手臂可以放，以缓解因久坐而出现的不适感。

构字表义可记释为"几（jī）靠具"。

jǐ，会意字，"幾"的简化字。作数词，表示数量或多或少，确定或不确定的数目；作代词，表示多少，如何，怎样等。

"幾"和"几"是两个不同含义的字，"幾"简化为"几"为简化错字。

既表义又表音，表义与趴伏相关。

义例：如"凭"表示身体靠在物体上等。

亠（tóu）

甲骨文	金文	小篆	隶书	楷书	简书
			亠	亠	亠

偏旁，与其他部件共同表义与顶部相关，如"高，甲骨文：高"表示向上挺立。

构字表义可记释为"高顶头"。

冫（bīng）

甲骨文	金文	小篆	隶书	楷书	简书
仌	仌	仌	冫	冫	冫

象形字，表示水结冰后向下垂挂或向上凸起的形态，水凝结成冰的意思。

构字表义可记释为"两点冰"。

既表义又表音，表义与冰冻，寒冷，凝固相关。

义例：如"冰，金文：冰"表示凝固状态的水。

冖（mì）

甲骨文	金文	小篆	隶书	楷书	简书
冂	冂	冂	冖	冖	冖

象形字，表示用布巾将物品覆盖的形态，覆盖、掩蔽的意思。

构字表义可记释为"冖（mì）盖头"。

既表义又表音，表义与蒙盖，覆盖相关。

义例：如"冠，甲骨文：冠"表示用手将帽子戴在头上。

讠，言（yán）

甲骨文	金文	小篆	隶书	楷书	简书
			言	言	讠

象形字，表示人张口说话时舌头摇动的形态，正在说话的意思；引申为说，讲，谈论，记载，告诉，问，陈述，解释引文，言语，言论，见解，意见，政令，号令，誓言，盟辞，建议，主意，学说，字，句子，著作，诉讼，慰问，顺从恭敬的样子等。

用作偏旁时，"言"简化为"讠"，为简化失形，字面上失去了"口"。

构字表义可记释为"言（yán）口说"。

既表义又表音，表义与声音，语言相关。

义例：如"话，金文：䛡"表示口头的语言表达。

凵（kǎn，qiǎn）

甲骨文	金文	小篆	隶书	楷书	简书
		凵	凵	凵	凵

kǎn，象形字，表示在地上挖出了一个坑的形态，坑坎、陷阱的意思。

qiǎn，引申为张开口。

构字表义可记释为"凵（kǎn）坑底"。

表义与坑，坎相关。

义例：如"凼（dàng）"表示水坑等。

卩，㔾（jié）

甲骨文	金文	小篆	隶书	楷书	简书
卩 卩	卩	卩	卩	卩	卩

象形字，表示人跪坐着的形态，跪坐之人的意思。

"卩"构字表义可记释为"卩（jié）跪人"。

"㔾"构字表义可记释为"㔾（jié）弯跪人"。

既表义又表音，表义与腿部弯曲动作，跪坐相关。

义例：如"印，甲骨文：卩"表示用手按人的头部使之下跪，"卷，金文：卷"表示跪坐之人膝盖弯曲。

阝（左），阜（fù）

甲骨文	金文	小篆	隶书	楷书	简书
阜 阜	阜	阜	阝	阝	阝

阝，象形字，同"阜"字，表示古人在所居地穴上挖出的供上下走动的坑窝的形态，上下的梯子、台阶的意思；引申为土山，高大，强健，多，旺盛等。

构字表义可记释为"左阜（fù）旁"。

既表义又表音，表义与升降，楼台，阶梯，山丘，壁障相关。

义例：如"阶，甲骨文：阶"表示供上下用的台阶。

阝（右），邑（yì）

甲骨文	金文	小篆	隶书	楷书	简书
𠂤 𠂤	𠂤 吕 吕	吕	邑	邑	阝

邑，会意字，上面是表形构件"口"，下面是表形构件"阝"（跪坐之人），表示有限定范围的聚居之地；引申为城镇，国，都城，封地，小县城，古代行政区划等。

构字表义可记释为"右邑（yì）边"。

既表义又表音，表义与居住地，城镇，地域相关。

义例：如"都，金文：𨙻"表示大城镇；"邕，金文：𨙻"表示四方环水的都城。

力（lì）

甲骨文	金文	小篆	隶书	楷书	简书
丫 丫	丿	劦	力	力	力

指事字，在表形构件木棍下面加一个短竖作为标示构件，表示在木棍下面的部位，将木棍割裂成木板的工具石楔子；引申为人和动物的肌肉收缩或扩张，所产生的效能，身体器官的效能，事物的效能，能力，权势，功劳，努力，劳力，兵力，功劳，尽力，严重等。

构字表义可记释为"力（lì）石楔"。

既表义又表音，表义与力量，功效，能力相关。

义例：如"加，金文： 🔥"表示接连在木头的裂缝处敲入楔子等。

又（yòu）

甲骨文	金文	小篆	隶书	楷书	简书

象形字，表示持、拿、使用物品时右手的形态。

既表义又表音，表义与右手的动作，协助相关。

构字表义可记释为"又（yòu）手"。

义例：如"支"表示右手持一根比较直的竹竿。

厶（sī）

甲骨文	金文	小篆	隶书	楷书	简书

象形字，表示用来捕猎野兽的绳套的形态。

构字表义可记释为"厶（sī）绳套"。

既表义又表音，表义与绳套相关。

义例：如"麰（yòu）"表示用绳套引诱。

廴（yǐn, yìn）

甲骨文	金文	小篆	隶书	楷书	简书
	廴	廴	廴	廴	廴

yǐn，指事字，将表形构件"彳"的下部拉长弯曲，表示将道路拉长延伸以行走到某地，漫漫长路的意思；引申为拉引等。

yìn，引申为延伸。

构字表义可记释为"廴（yǐn）路延"。

表义与延伸，长行，进行相关。

义例：如"延，金文：廴"表示徒步行走在长路上。

三　画

干，榦（gàn）

甲骨文	金文	小篆	隶书	楷书	简书
干 干	干 干 干 干	干	干榦	干榦	干

指事字，在表示树杈的表形构件的中间加标示构件一横，表示可以手持的带有树杈的树枝，原始的狩猎工具的意思；引申为触犯，冒犯，冲，求取，强行过问，扰乱等。

榦，形声字，表义构件"木"示音构件"倝（gàn）"表示树木努力向上生长；引申为树木的主茎，事物的主体或重要部分等。"榦"简化为"干"，为简化错字。

构字表义可记释为"干（gān）树杈"。

既表义又表音，表义与树枝，棍棒，捍卫，冒犯，干燥，主体相关。

义例：如"竿"表示竹子的茎。

工（gōng）

甲骨文	金文	小篆	隶书	楷书	简书
𠄡 𠄢 工 𠄞	工 工 工	工	工	工	工

象形字，表示古人用于建筑的工具"杵"的形态；引申为夯筑，土木建筑项目，生产活动和劳动，建筑工人，工作量，工业，精致，擅长，技巧等。

构字表义可记释为"工（gōng）杵具"。

既表义又表音，表义与夯筑，劳作，建筑工具，工人，技巧，成效相关。

义例：如"式"表示以杵做出来的模具、样式。

土（tǔ）

甲骨文		金文		小篆	隶书	楷书	简书
△ ○ ○ △		土 土 土		土	土	土	土

　　象形字，表示在土地表面放上一块石头的形态，是殷商祭祀土地神的一种仪式；引申为土壤，领地，耕种的田地，平地，家乡等。

　　构字表义可记释为"石土（tǔ）"。

　　既表义又表音，表义与土地相关。

　　义例：如"坐"表示两个人两膝着地，臀部压在脚跟上，相对席地而坐。

士（shì）

甲骨文	金文				小篆	隶书	楷书	简书
	士 士 士 士				士	士	士	士

　　象形字，表示雄性牲畜繁衍部位的形态；引申为男性生殖器官，未婚青年男子，男子，对品德好、有学识、有技艺之人的美称，古代法官，士兵等。

　　构字表义可记释为"士（shì）雄性繁衍部位"。

　　既表义又表音，表义与雄性相关。

　　义例：如"壮，金文：▓▓"表示身材高大的男性。

扌，龵，手（shǒu）

甲骨文	金文	小篆	隶书	楷书	简书
	𢪏 𢪏	𢪏	扌手	扌手	扌手

象形字，表示五根手指都伸开的手部形态，手掌的意思；引申为擅长某项技能的人，与人手功能类似的机械，技艺，本领，持，取，找，亲自，小巧，笔迹等。

"扌"构字表义可记释为"提手旁"。

"龵"构字表义可记释为"手字头"。

"手"构字表义可记释为"手"。

表义与手掌，手的动作，手的技能相关。

义例：如"抓"表示用手取物；"看"表示将手放在眼睛上面的位置遮目远望；"拳"表示屈指卷握的手等。

艹，艸（cǎo），屮（chè）

甲骨文	金文	小篆	隶书	楷书	简书
屮 屮 屮	屮	艸 屮	艹 屮	艹 屮	艹 屮

象形字，表示向上生长的小草的形态，泛指草，草本植物的总称。

"艹"构字表义可记释为"草字头"。

"艸"构字表义可记释为"双草"。

"中"构字表义可记释为"中草"。

既表义又表音，表义与草本植物相关。

义例：如"艾"表示多年生草本植物艾蒿。

寸（cùn）

甲骨文	金文	小篆	隶书	楷书	简书
		ヨ	寸	寸	寸

指事字，在表形构件"又"字下加标示构件横，表示手掌横纹线下一寸的位置，寸口的意思，中医称这个位置为诊脉的"寸关尺"；引申为长度单位，极短，凑巧等。

既表义又表音，表义与位置，持拿，长度相关。

构字表义可记释为"手寸（cùn）口"。

义例：如"寻，甲骨文：🖐"表示古代的长度单位，两臂张开的距离，古八尺。

廾，六，𠂇，大（gǒng）

甲骨文	金文	小篆	隶书	楷书	简书
𦥑 𦥑	𦥑	𦥑	廾	廾	廾

象形字，表示两手相对同时伸出的形态。

"廾"构字表义可记释为"廾（gǒng）双手"。

"ᐱ"构字表义可记释为"ᐱ（gǒng）双手底"。

"ﾉﾍ"构字表义可记释为"ﾉﾍ（gǒng）双手左右"。

"大"构字表义可记释为"大廾（gǒng）双手"。

表义与双手动作相关。

义例：如"弁（biàn），甲骨文："表示古人双手将帽子高举戴在头上行加冠礼；"共，"表示双手捧出自己的物品将其奉献给别人；"丞，甲骨文："表示用双手将陷在坑中的人拉出来；"奂，金文："表示双手捧物交换。

大（dà）

甲骨文	金文	小篆	隶书	楷书	简书
			大	大	大

象形字，表示成年健壮男子正面站立张开双臂的形态，站立之人的意思，引申为空间、时间、力量、程度等超过一般的比例，重要的，高尚，渊博，尊重，夸大，大约等。

构字表义可记释为"大（dà）立人"。

既表义又表音，表义与成人，长大，超出平常相关。

义例：如"夫，甲骨文："表示用簪子束发的成年男子。

兀（wù）

甲骨文	金文	小篆	隶书	楷书	简书
			兀	兀	兀

指事字，在表形构件"人"字上加标示构件横，表示古时将头发削去的刑罚，斩断，没有的意思；引申为光秃，高耸，浑噩无知的样子，摇晃，不安等。

既表义又表音，表义与光秃，没有相关。

构字表义可记释为"兀（wù）秃头"。

义例：如"髡（kūn）"表示剃发。

尢，允（wāng）

甲骨文	金文	小篆	隶书	楷书	简书
			尢允	尢允	尢允

象形字，"大"字的一笔弯曲，表示人瘸一条腿的形态，跛足者，跛行的意思；引申为曲背，短小等。

"尢"构字表义可记释为"尢（wāng）腿跛"。

"允"构字表义可记释为"允（wāng）腿人跛"。

表义与拖拉，跛行相关。

义例：如"尥（liào）"表示走路时足胫相交。

弋（yì）

甲骨文	金文	小篆	隶书	楷书	简书
			弋	弋	弋

指事字，在表形构件投掷的标枪中间加标示构件横，表示可以手握系绳用于投掷的狩猎工具；引申为系有绳子的短箭，射猎，猎取等。

构字表义可记释为"弋（yì）猎具"。

既表义又表音，表义与渔猎相关。

义例：如"隿（yì）"表示用带绳子的工具射鸟。

小、⺌（xiǎo）

甲骨文	金文	小篆	隶书	楷书	简书
		小	小	小	小

象形字，表示细小的沙状微粒的形态，细微的意思；引申为狭隘，短暂，程度不及，排行后，年幼等。

"小"构字表义可记释为"细小（xiǎo）沙"。

"⺌"构字表义可记释为"小（xiǎo）字头"。

既表义又表音，表义与微粒，细微，少于常态程度或数量相关。

义例：如"尖"表示物体削细的末端或突出的部分。

口，亼（kǒu）

甲骨文	金文	小篆	隶书	楷书	简书
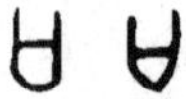			口	口	口

象形字，表示人张开嘴巴的形态，人嘴的意思；引申为动物的嘴，好吃，入口，通道，关口，港口，破裂的地方，说话，言论，口才等。

“口”构字表义可记释为“口（kǒu）张嘴”。

“亼”构字表义可记释为“人点口”。

既表义又表音，表义与嘴巴，像张开嘴一样的形状，口状容器相关。

义例：如“舌，甲骨文：、”表示嘴中的器官舌头；“食，甲骨文：”表示吃进口中之物。

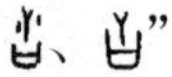

囗（wéi，guó）

甲骨文	金文	小篆	隶书	楷书	简书
			囗	囗	囗

wéi，象形字，表示环状封闭围场的形态，围绕的意思；引申为惊呼声等。

guó，引申为国的意思。

构字表义可记释为“围（wéi）字框”。

既表义又表音，表义与圆形，围绕，环状，界限，约束相关。

义例：如“因”表示将人监禁在一个封闭场所。

山（shān）

甲骨文	金文	小篆	隶书	楷书	简书
ᰃᰃᰃ	ᰃᰃᰃᰃ	山	山	山	山

　　象形字，表示从地面耸起的连绵起伏的高大土石形态；引申为五岳（东岳泰山、西岳华山、南岳衡山、北岳恒山和中岳嵩山），帝王陵墓，帝王，山状物，山状纹饰，粗俗，对自己的谦称等。

　　构字表义可记释为"山（shān）"。

　　既表义又表音，表义与山石，高大相关。

　　义例：如"崖"表示山的边缘。

巾（jīn）

甲骨文	金文	小篆	隶书	楷书	简书
巾	巾	巾	巾	巾	巾

　　象形字，表示将一块方形的布系住一个角垂吊的形态；引申为织物，纺织品等。

　　一块布被抓住某一个角，拎在空中就呈现"巾"垂吊的样子。

　　构字表义可记释为"巾（jīn）垂布"。

　　表义与布，织物相关。

　　义例：如"帅、帥，金文：𧘇、𧘇"表示佩戴巾的人。

彳 (chì)，亍 (chù)

甲骨文	金文	小篆	隶书	楷书	简书
北 彳 北	北 彳 北	彳	彳 亍	彳 亍	彳 亍

象形字，表示直行道路的形态，街道，小步的意思。

"彳"构字表义可记释为"彳（chì）路旁"。

"亍"构字表义可记释为"亍（chù）路边"。

表义与道路，行动相关。

义例：如"街，甲骨文：㣝"表示城市的大道。

彡 (shān)

甲骨文	金文	小篆	隶书	楷书	简书
彡 彡 彡	彡	彡	彡	彡	彡

指事字，抽象字根，以三个标示构件"丿"构成，表示物体不稳定，晃动，很多的意思。

构字表义可记释为"彡（shān）晃多"。

既表义又表音，表义与晃动，多相关。

义例：如"髟（biāo），甲骨文：髟"表示头发下垂飘动的样子。

犭，犬（quǎn）

甲骨文	金文	小篆	隶书	楷书	简书
			犭	犭	犭

象形字，表示张着嘴、腹部瘦而尾巴弯曲的狗的形态；造字中左用"犭"，右边用"犬"；引申为帮凶，臣子的自称等。

"犭"构字表义可记释为"反犬旁"。

"犬"构字表义可记释为"犬字边"。

既表义又表音，表义与狗，动物相关。

义例：如"狼"表示一种似犬类的动物；"伏，金文："表示狗守候在人旁边。

夕（xī）

甲骨文	金文	小篆	隶书	楷书	简书
			夕	夕	夕

象形字，表示日落后天空中月亮的形态，日落，傍晚的意思；引申为倾斜，朝西，夜晚，睡眠，夜潮等。

构字表义可记释为"夕（xī）晚月"。

既表义又表音，表义与日落，傍晚，月亮相关。

义例：如"梦"表示像傍晚时分般昏暗不明的样子。

夂（zhǐ）

甲骨文	金文	小篆	隶书	楷书	简书
![甲骨文]	![金文]	![小篆]	![隶书]	![楷书]	![简书]

象形字，表示"止"的反转镜像，右脚指头向下的形态，倒行归返，从上往下的意思。

构字表义可记释为"反止归"。

表义与归来，到来相关。

义例：如"各，甲骨文：![字]"表示从外面走回来。

飠，食（shí，sì）

甲骨文	金文	小篆	隶书	楷书	简书
![甲骨文]	![金文]	![小篆]	飠食	飠食	飠食

shí，会意字，此形态只作为简化偏旁用，本字是"食"，上面是表形构件"亼"（嘴），下面是表形构件"豆"（盛食物的器皿），表示食器盛满食物供狩猎回来的人们用餐，引申为饮，吸，享受，接受，献祭，背弃，做好的食物，五谷杂粮，俸禄等。

sì，引申为供养、喂养等。

构字表义可记释为"食（shí）吃"。

既表义又表音，表义与吃，食物相关。

义例：如"饭，金文：![字]"表示张开嘴进食。

爿（qiáng），爿（qiáng），片（piàn）

甲骨文	金文	小篆	隶书	楷书	简书
爿 爿 爿		片	爿	爿	爿片

象形字，表示片状木板的形态；引申为片状竹木，片状物，家，块，一段，其间等。

"爿"为"爿"的简化。

"爿"构字表义可记释为"两点片"。

"爿"构字表义可记释为"反片板"。

"片"构字表义可记释为"正片（piàn）板"。

既表义又表音，表义与片状相关。

义例：如"状"表示狗像木板一样站立；"牆，甲骨文：牆"像木板一样的土筑外围屏障。

广（yǎn），廣（guǎng）

甲骨文	金文	小篆	隶书	楷书	简书
广	广 廣	广 廣	广 廣	广 廣	广

广（yǎn），象形字，表示依山崖建造的一面敞开的房屋的形态。

廣（guǎng），会意字，左上面是表义构件"广"，右下面是表义构件"黄"（黄颜色），表示在房屋里有许多黄皮肤的孩子的意思；引申为大，盛大，宽大，宽阔，遥远，众多，普遍，扩大，开辟，传播，增多，宽宏，宽度等。“廣”简化为“广”。

构字表义可记释为“广（guǎng）宽屋”。

表义与敞屋，宽大，多相关。

义例：如“库，金文：”表示用于储藏车辆的一面敞开的房屋。

门，門（mén）

甲骨文	金文	小篆	隶书	楷书	简书
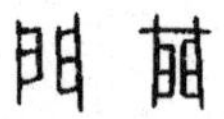			門	門	门

象形字，表示古代氏族部落进出口处的大门的形态，起开关作用的两扇对称的以外侧为轴旋转的遮挡出入口的板状物，双扉门的意思；引申为出入口能开关的屏障物，门状物，人身上组织的管道口，关卡，解决问题的途径，家庭，门庭，派别，类别，守门，镇守等。

“門”简化为“门”，为简化失形，字面上失去了门的样子。

构字表义可记释为“门（mén）”。

既表义又表音，表义与门户，关口相关。

义例：如“闭，金文：”表示用门闩将门合拢关上；“閣（gé），甲骨文：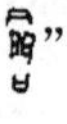”表示大门旁边的小门。

氵，氺，水（shuǐ）

甲骨文	金文	小篆	隶书	楷书	简书
𣱱 𣱱 𣱱	𣱱	𣱱	氵水	氵水	氵水

指事字，中间是表示弯曲的水流的表形构件，两边的点是泛起水波的标示构件，泛起水花的河流的意思；引申为江河湖海的总称，物质水，雨，某些液态物质，洪水，游泳，水生生物，五行之一，痛苦的生活境遇，额外的收入，附加的费用等。

"氵"构字表义可记释为"三点水"。

"氺"构字表义可记释为"水字底"。

"水"构字表义可记释为"水（shuǐ）"。

表义与水流相关。

义例：如"涉，甲骨文：𣥠"表示徒步蹚水过河；"永，甲骨文：𣱱"表示人在水波荡漾的水流中游泳；"泰，小篆：𣲢"表示人用双手撩水洗浴；"桼（qī），小篆：𣟏"表示一种被称为漆树的树木在树干韧皮部被割取后流淌下来的，用作防腐、防锈的液体状涂料；"沓（tà），甲骨文：𣲢"表示像水流一样滔滔不绝地讲话。

忄，⺗，心（xīn）

甲骨文	金文	小篆	隶书	楷书	简书
忄 忄	忄 忄 忄 忄	忄	忄心	忄心	忄心

象形字，表示动物心脏的形态；引申为头脑，思想，内心，精神，想法，思虑，品行，花蕊，主观认识，精神现象，要旨，核心等。

"忄"构字表义可记释为"竖心旁"。

"⺗"构字表义可记释为"心字底"。

"心"构字表义可记释为"心（xīn）器官"。

既表义又表音，表义与心脏，思考，情绪相关。

义例：如"忆"表示从心里而起思念；"恭"表示真心实意地尊敬；"志"表示植根于心底的意念。

宀（mián）

甲骨文	金文	小篆	隶书	楷书	简书
宀 宀	宀	宀	宀	宀	宀

象形字，表示上古时期半地穴式的，屋顶用茅草覆盖的圆锥形住所的形态，古代一种简易房屋的意思；引申为覆盖等。

构字表义可记释为"宀（mián）屋顶"。

表义与房屋，覆盖相关。

义例：如"安，甲骨文：宀"表示一个女子在居室里。

辶，辵（chuò）

甲骨文	金文	小篆	隶书	楷书	简书
		辵	辶辵	辶辵	辶辵

会意字，外面是表形构件"行"（道路），下中间是表形构件"止"（脚掌），路上行走，表示走路的意思；引申为飞快地走，步履踌躇等。

"辶"构字表义可记释为"走辶（chuò）底"。

表义与走路相关。

义例：如"巡"表示来回行走查看。

彐，彑，彐（jì）

甲骨文	金文	小篆	隶书	楷书	简书
		彑	彑	彐彑	彐彑

"彐，彑"作为构字部件的一部分，无特定含义，与其他构件分别组合成不同含义。

"彑"，象形字，表示将牲畜宰杀之后悬挂起来的形态，宰杀后悬挂的牲畜；引申为猪头，刺猬等。

"彑"构字表义可记释为"彑（jì）牲"。

表义与猪类牲畜相关。

义例：如"彖（tuàn），金文：彖"表示猪跑脱。

尸（shī）

甲骨文	金文	小篆	隶书	楷书	简书
		尸	尸	尸	尸

象形字，表示蹲踞的人或人死后蜷曲的形态，引申为祭祀时用来假扮被供奉的先祖的人，主体，主持，动物死后躯体，陈列，舒展等。

构字表义可记释为"尸（shī）蜷人"。

表义与人的躯体相关。

义例：如"居，金文："表示人蹲起。

己（jǐ）

甲骨文	金文	小篆	隶书	楷书	简书
		己	己	己	己

象形字，表示将绳索来回交错捆扎物品的形态；引申为编织，记录，识别，自己，天干第六位等。

构字表义可记释为"己（jǐ）绳捆"。

既表义又表音，表义与编织，约束，识别相关。

义例：如"记，金文："表示将说的话记录下来。

已（yǐ）

甲骨文	金文	小篆	隶书	楷书	简书
乚	乚		已	已	已

象形字，表示上古时期已经布置好的用于捕猎的绳套的形态；引申为终止，停止，完结，治愈，罢免，废弃，不允许等。

"已"单独成字，没有构成偏旁。

巳（sì）

甲骨文	金文	小篆	隶书	楷书	简书
乚 乚	乚 乚	乚	巳	巳	巳

象形字，表示手脚被裹住，包裹起来，全身包裹、只有脑袋在外的婴儿的形态；引申为后嗣，地支第六位等。

构字表义可记释为"巳（sì）裹婴"。

既表义又表音，表义与婴儿相关。

义例：如"包"表示包裹着胎儿的胎衣。

弓（gōng）

甲骨文	金文	小篆	隶书	楷书	简书
𠔃𠂆𧮫𧮫	𠔃𧮫𧮫	弓	弓	弓	弓

　　象形字，表示用于射箭的反曲复合弓的形态；引申为弓状物，弓形纹，弯曲等。

　　"弓"是一种用弹性材料制成的发射工具，通常由弓臂、弓弦等部分组成。弓臂一般用富有弹性的木材、牛角等材料制作，弓弦则多为动物筋腱、丝线等。在军事用途中，弓是重要的远程武器，弓箭手可以在一定距离外对敌人进行攻击，具有较高的杀伤力和威慑力。作为狩猎工具，古人用弓来狩猎各种动物，为生活提供食物和其他保障，凭借弓的射程和威力，可以在相对安全的距离上射杀猎物。作为礼仪象征，在一些礼仪场合，比如在古代的射礼中，弓被视为一种体现君子品德和技艺的重要道具。

　　构字表义可记释为"弓（gōng）箭器"。

　　既表义又表音，表义与弓状，弯曲相关。

　　义例：如"引，甲骨文：𧮫"表示弓已拉开弦准备发射。

子（zǐ）

甲骨文	金文	小篆	隶书	楷书	简书
甶 甶 甾 甾	甹 甹 甾	甹	子	子	子

　　象形字，表示生产中露头的婴儿，头上有头发，囟门未闭合，身子和脚还处于包裹形态；引申为儿女，儿子，女儿，太子，后辈，人，百姓，古代对男子的美称和尊称，古人对自己老师的称呼，孔子，古代五等爵位（公、侯、伯、子、男）的第四等，古代士大夫，尽子女责任，您，你，动物的幼崽或卵，植物的种子，小的块状颗粒物，铜钱，棋子，微粒，滋生，利息，古代小而轻的钱币，幼小的，派生的，附属的，副职，地支第一位，鼠，北方等。

　　构字表义可记释为"子（zǐ）婴儿"。

　　既表义又表音，表义与婴孩相关。

　　义例：如"好，甲骨文：甶"表示生育了小孩的女子。

女（nǚ）

甲骨文	金文	小篆	隶书	楷书	简书
甶 甶	甶 甶 中 中	甶	女	女	女

　　象形字，表示双臂交叉双腿屈膝的女性的形态，未嫁的女子的意思；引申为女性，雌性，幼小，柔嫩等。

构字表义可记释为"女（nǚ）雌人"。

既表又表音，表义与女性，柔美相关。

义例：如"奴，甲骨文：🐚"表示古时被俘充当仆人的人。

飞，飛（fēi）

甲骨文	金文	小篆	隶书	楷书	简书
		飛	飛	飛	飞

象形字，表示鸟展开翅膀飞行的形态，飞翔的意思；引申为空中飘浮，空中运动，挥发，没有根据，迅速，意外的，往上升，高，有羽翅的昆虫，奔驰的马等。

"飛"简化为"飞"。

构字表义可记释为"鸟飛（fēi）"。

表义与飞行动作，飘浮空中相关。

义例：如"霏"表示云在空中飘浮流动。

马，馬（mǎ）

甲骨文	金文	小篆	隶书	楷书	简书
🐎🐎🐎🐎	🐎🐎🐎🐎	馬	馬	馬	马

象形字，表示动物马的形态，面部长，尾部毛较长且多，颈部有长毛；引申为骑兵，像马的，表义如马一样奔跑的，

大，筹码，成堆的东西等。

"馬"简化为"马"。

既表义又表音，表义与动物马，强壮，矫健，军事等相关。

义例：如"驭，金文：𣏃"表示通过手控制马。

纟（sī），糸（sī），糸（mì）

甲骨文	金文	小篆	隶书	楷书	简书
𢆶 𢆶	𢆶 𢆶	糸	糸	糸 糸	纟 糸

象形字，表示一束细蚕丝的形态，细蚕丝，丝绳的意思；引申为微小等。

"糸"简化为"纟"。

"纟，糸"构字表义可记释为"蚕丝（sī）"。

"糸"构字表义可记释为"糸（mì）丝"。

表义与蚕丝，丝绳，细丝，微小相关。

义例：如"纠"表示绳子相互绞合；"縻（mí）"表示用于牵牛的缰绳。

幺（yāo）

甲骨文	金文	小篆	隶书	楷书	简书
8	8 8	8	8	幺	幺

象形字，表示缠绕在胎儿身上的脐带的形态；引申为脐带状，一脉相承等。

构字表义可记释为"幺（yāo）承接"。

既表义又表音，表义与相承，细小相关。

义例：如"幼，甲骨文：⅄"表示初生年少的小孩。

巛，川（chuān）

甲骨文	金文	小篆	隶书	楷书	简书
巛 巛 巛	巛	巛	巛 川	巛 川	巛 川

象形字，表示两边是河岸，中间是水流动的形态，河流，水道的意思；引申为河流的源头，河神，平坦的陆地，冰川，穿过等。

构字表义可记释为"川（chuān）流水"。

既表义又表音，表义与水流，顺畅，平坦陆地，晃动相关。

义例：如"灾"表示像水流一样的火灾；"州，甲骨文：巛"表示河流中凸起的陆地。

四　画

王（wáng，wàng，yù）

甲骨文				金文		小篆	隶书	楷书	简书
大	大	大	王	王	王	王	王	王	王

　　wáng，象形字，一是表示具有优先结合权利的男性；二是表示有柄的刀口朝下的斧钺的形态。引申为最高统治者的称号，诸侯国自己的称号，君主制国家的最高爵位，首领，同类中最强个体，匡正，大等。

　　wàng，表示夺取政权成为最高统治者；引申为统治，胜过等。

　　yù，假借字，表示玉石，后造"玉"字代替。

　　在古代，只有部落最高等级的男性首领才有资格拥有兵器王钺。就器物本身来讲，王钺是一种象征王权的斧钺，而斧钺是古代一种重要的兵器。王钺制作精良，装饰华丽，其形制可能比普通的斧钺更大、更威严。它象征着至高无上的权力，彰显统治地位，只有君王才能持有。在重大的仪式、典礼或战争中，君王会展示王钺，以彰显自己的权威。它还可以作为君王授予将领军事指挥权的信物，将领持王钺出征，象征着代表君王行使军事权力，因此古代就用这个兵器来代表王权。

　　既表义又表音，表义与君王，权威，玉石相关。

　　义例：如"闰，金文：𨳝"表示依据周代的礼制，遇闰月时王要居于门中。

无，無（wú）

甲骨文	金文	小篆	隶书	楷书	简书
			無	無	无

象形字，"大"字的手臂下各加上一条树枝，表示古时人们手里拿着松柏树枝在篝火前手舞足蹈的形态，舞蹈的意思；也表示为跳舞完毕后人们将树枝丢入篝火中，表示没有的意思。引申为物质虚空的状态，间隙，不是，岂不是，覆盖等。

"無"简化为"无"，为简化失形，字面上失去了手里提拿的树枝。

构字表义可记释为"无（wú）舞"。

既表义又表音，表义与舞蹈相关。

义例：如"妩"表示女子跳舞时的娇媚之姿。

韦，韋（wéi）

甲骨文	金文	小篆	隶书	楷书	简书
		韋	韋	韋	韦

会意字，外面是表形构件"止"，中间是标示构件"口"，表示脚掌在一个圈的四周环绕着，环绕的意思；引申为背离，包围，保卫，皮革制品，皮革工匠等。

"韋"简化为"韦",为简化失义,字面上失去了脚在某处绕圈的含义。

构字表义可记释为"韦(wéi)绕圈"。

既表义又表音,表义与环绕,皮革,包围相关。

义例:如"围,金文:▣"表示将行走的地方的周围拦起来。

耂,老（lǎo）

甲骨文	金文	小篆	隶书	楷书	简书
耄 ⻅ 耄	耄 耄 耄	耄	老	老	耂 老

会意字,上面的表形构件表示长发老人,下面的表义构件"匕"表示年纪大的女子的意思;引申为年岁大,时间长,富有经验,陈旧,衰落,总是,很等。

古代中国人是不剪短发的,随着年龄的增长,头发就会越来越长,这个字就是要表达披着长发的老年女子。

构字表义可记释为"耂(lǎo)老女"。

既表义又表音,表义与年岁大相关。

义例:如"考,甲骨文:⻅"表示高寿;"耄(mào)"表示高龄。

木（mù）

甲骨文	金文	小篆	隶书	楷书	简书
木 木 木	木 木	木	木	木	木

象形字，表示树木的形态；引申为树叶，木本的，质朴，头脑不灵活，感觉不灵敏，五行之一等。

既表义又表音，表义与树木相关。

义例：如"本，金文：木"表示树木的根部。

朩，朩（pìn）

甲骨文	金文	小篆	隶书	楷书	简书
		朩		朩	朩 朩

会意字，"木，小篆：木"下面的半圆线条用"八"字来代替，表示将茎皮从植物麻的茎秆上分离出来，剥取下来的麻茎皮的意思。

构字表义可记释为"朩（pìn）麻皮"。

表义与麻，剥取，失去相关。

义例：如"杀"表示将树枝折断。

支（zhī）

甲骨文	金文	小篆	隶书	楷书	简书
		𡥘	支	支	支

　　会意字，上面是表形构件"十"，下面是表形构件"又"（手），表示右手持一根劈下来的直竹竿的意思；引申为枝条，分支，分散，供给，支持，分派，维持，援助，抵抗，计算，搪塞，分枝状等。

　　构字表义可记释为"支（zhī）直竹"。

　　既表义又表音，表义与枝条，分支状，分散相关。

　　义例：如"枝"表示树干上旁生的小枝条。

犬（quǎn）

甲骨文		金文		小篆	隶书	楷书	简书
𤞤	𤝓	𤟎	𤜿	𤞣	犬	犬	犬

　　象形字，表示动物大狗的侧面形态（古代称大狗为犬、小狗为狗）；引申为供役使的人，帮凶，臣子对君王的自称，对别人称呼自己的儿子。偏旁左写为"犭"。

　　构字表义可记释为"犬（quǎn）大狗"。

　　既表义又表音，表义与狗，动物相关。

　　义例：如"伏，金文：𦨶"表示狗守在人的旁边。

歹（dǎi）

甲骨文	金文	小篆	隶书	楷书	简书
𠦆 𠂤 𠂤 𠂤		𠂤 𠃨	歹	歹	歹

指事字，表示人躺下，腿上的标示构件横表示双腿受伤不能动弹，仰面躺倒的意思；引申为坏，恶的意思。

构字表义可记释为"歹（dǎi）伤残"。

表义与死伤，祸患相关。

义例：如"殇"表示未成年而死。

车，車（chē）

甲骨文	金文	小篆	隶书	楷书	简书
𢽾 𢽾 𢽾 𢽾	𢽾 𢽾 車	車	車	車	车

象形字，表示古人乘坐的陆地交通工具的形态，车子的意思，有车厢、车轮，有驾牲口的辕、套在牲口上的轭（è）；引申为战车，驾车的人，车工，借助转动工作的机械，机器，牙床骨，捕鸟的网，乘车，用车床机械切削等。

"車"简化为"车"，为简化失形，字面上失去了车的样子。

构字表义可记释为"车（chē）具"。

既表义又表音，表义与车辆相关。

义例：如"军，金文：𨐖"表示用兵车包围环绕。

牙（yá）

甲骨文	金文				小篆	隶书	楷书	简书
						牙	牙	牙

象形字，表示上下相对交错咬合的牙床；引申为咬，牙状物，帮手，植物幼芽，初生，幼小，悬挂东西的架子，雄性牲畜等。

既表义又表音，表义与牙齿，牙齿状相关。

构字表义可记释为"后座牙（yá）"。

义例：如"芽"表示两片植物的嫩叶相对交错。

戈（gē）

甲骨文	金文				小篆	隶书	楷书	简书
						戈	戈	戈

指事字，表形构件"弋"中间加标示构件横，表示手持投掷工具"弋"的意思；引申为兵器，战争等。

"戈"是一种横刃长柄的古代兵器，主要由戈头和柄组成，戈头一般呈扁平的"T"字形，横刃用于勾、啄敌人，直刃部分可以刺击。在车战盛行的时代，战车上的士兵常使用戈进行攻击。在一些重要的礼仪场合，比如祭祀等活动中，戈作为一种礼器出现，代表着武力和保卫国家的力量。

构字表义可记释为"戈（gē）兵器"。

既表义又表音，表义与兵器，战争，杀伤相关。

义例：如"战，金文：𢧢"表示手持兵戈进行战斗。

旡（jì）

甲骨文	金文	小篆	隶书	楷书	简书
旡 旡		旡	旡	旡	旡

象形字，表示人在用餐结束后，因为吃饱而扭头打嗝的形态。

构字表义可记释为"旡（jì）打嗝"。

既表义又表音，表义与出气，打嗝，气逆行相关。

义例：如"既，甲骨文：旡"表示吃饱饭后侧身离开。

比（bǐ）

甲骨文	金文	小篆	隶书	楷书	简书
比	比	比	比	比	比

会意字，左右是表形构件反向的"人"，表示人争相回到家里的意思；引申为对比，相比，并列，亲近，亲和，挨近，密，辅助，和谐，齐同，连接等。

构字表义可记释为"比（bǐ）人并"。

既表义又表音，表义与匹配，并列，亲和相关。

义例：如"皆，金文：皆"表示两个人往同一目标行进。

瓦（wǎ）

甲骨文	金文	小篆	隶书	楷书	简书
		𠔉	瓦	瓦	瓦

象形字，表示用黏土烧制成的用于覆盖屋顶的建筑材料相互交扣的形态，屋瓦的意思；引申为古代泥土烧制的纺锤、陶器等器物，瓦状物等。

"瓦"是用陶土烧成的覆盖房顶的建筑材料，有弧形、扁平等不同形状，通常呈片状，用于遮风挡雨。古代的房屋建筑广泛使用瓦来覆盖屋顶，不同等级的建筑使用的瓦在材质、规格、装饰等方面有所不同。日常生活中，瓦制的器物也很常见，如用来储存物品的瓦罐可以装水、粮食等，瓦盆可以用来养花、盛物等。

构字表义可记释为"屋顶瓦（wǎ）"。

既表义又表音，表义与黏土制物相关。

义例：如"瓶，金文：𣲗"表示用黏土制造的装水或酒的容器。

止（zhǐ）

甲骨文	金文	小篆	隶书	楷书	简书
𣥂𣥂𣥂𣥂	止	止	止	止	止

象形字，表示脚掌部位行走留下的足迹轮廓的形态，脚底的意思；引申为停止不动，到，终极，静止，位置，居住，处

所，阻拦，聚集，到达，截止，祛除等。

构字表义可记释为“止（zhǐ）正脚”。

既表义又表音，表义与脚，停止相关。

义例：如“正，甲骨文：”表示步行向目的地前进。

攴，攵（pū）

甲骨文	金文	小篆	隶书	楷书	简书
			攴	攴	攴

会意字，上面是表形构件小木棍，下面是表形构件“又”，表示右手持小棍棒击打，轻击的意思。

“攴”构字表义可记释为“攴（pū）又打”。

“攵”构字表义可记释为“攵（pū）乂（yì）打”。

既表义又表音，表义与击打，扑打，操作相关。

义例：如“敲”表示手持木棍横向击打；“攻”表示手持木棍攻打。

冃（mào）

甲骨文	金文	小篆	隶书	楷书	简书
				冃	冃

会意字，表示用布从上到下套盖住某物的意思。

构字表义可记释为“冒盖头”。

表义与套盖相关。

义例：如“冒，金文：”表示眼睛上盖住头的帽子。

曰（yuē）

甲骨文	金文	小篆	隶书	楷书	简书
廿 廿 廿	廿 廿	廿	曰	曰	曰

指事字，表形构件"口"字上加标示构件横，表示张开口说话的意思；引申为是，称作等。

构字表义可记释为"曰（yuē）说话"。

既表义又表音，表义与口，说话相关。

义例：如"沓（tà），甲骨文：" 表示说话像水流一样滔滔不绝。

日（rì）

甲骨文	金文	小篆	隶书	楷书	简书
⊖ ⊙ ⋄ 日	⊖ ○ ⊟	日	日	日	日

象形字，表示天空中离我们最近的恒星——发光的太阳的形态；引申为白天，地球自转一周，时间，某一天，时辰，另外的一天，以前，每天，更加等。

构字表义可记释为"日（rì）太阳"。

既表义又表音，表义与太阳，时间相关。

义例：如"杳（yǎo），甲骨文：" 表示太阳西沉落到树木下面时的幽暗环境。

特别注意，"日"这个字在甲骨文中有很多相似的形态，但意义不同，要注意甄别，比如"众，甲骨文：𧘂、𧗲"上面的符号就表示示目的地；"晋（晉），甲骨文：𣊩"下面的符号表示目标；"隙"中间的"日"表示可以进出的孔洞。

冃（mào）

甲骨文	金文	小篆	隶书	楷书	简书
		冃	冃	冃	冃

象形字，表示古人用兽皮做的戴在头上用于包裹头部的帽子。

构字表义可记释为"冃（mào）盖帽"。

表义与帽子，覆盖相关。

义例：如"胄（zhòu），金文：𩲔"表示古代打仗戴的金属头盔。

贝，貝（bèi）

甲骨文	金文	小篆	隶书	楷书	简书
𠆩𠃌𠁥𠀌	𤦀𠁣𤦀𠁣	貝	貝	貝	贝

象形字，张开壳的蛤蚌的形态，有壳的软体动物的统称；引申为贝类形状，古代货币等。

先秦时期，人们使用一种特殊的白色齿贝充当交易的货币，因为齿贝具有小巧、便携、坚固、美观等特点，而且在当时较为稀有，因此它的货币含义就一直延续了下来。此外，贝还可作为装饰品，如项链、耳环、头饰等。古人将贝视为美丽的物品，佩戴贝饰以显示自己的身份和地位；也用作祭祀用品，在一些祭祀活动中，贝被作为祭品，以祈求神灵的庇佑。

"貝"简化为"贝"，为简化失形，字面上失去了贝类的横条状。

构字表义可记释为"贝（bèi）钱"。

既表义又表音，表义与贝类，钱财，宝物相关。

义例：如"货"表示财物。

见，見（jiàn，xiàn）

甲骨文	金文	小篆	隶书	楷书	简书
𧠐	𧠐 𧠐 𧠐	見	見	見	见

会意字，上面是表形构件"目"，下面是表形构件"儿"（人），表示人的眼睛看到的意思；引申为会面，看望，接见，遇到，接触，知道，看法，预料，听到，出现，现在等。

"見"简化为"见"，为简化失义，字面上失去了眼睛。

构字表义可记释为"见（jiàn）眼看"。

既表义又表音，表义与看到相关。

义例：如"觅，金文：𧠐"表示眼手并用地寻找。

牛（niú）

甲骨文	金文	小篆	隶书	楷书	简书
Ψ Ψ	（图）	Ψ	牛	牛	牛

象形字，表示正面牛头的形态，动物牛的意思；引申为固执，高傲，有本领，说大话等。

构字表义可记释为"动物牛（niú）"。

表义与动物，牛相关。

义例：如"牧，甲骨文：Ψ"表示手持木棍放养牲畜。

气（qì）

甲骨文	金文	小篆	隶书	楷书	简书
三	三 （图）	气	气	气	气

象形字，表示气流升腾流动的形态，空气，气流的意思；引申为气体，空气，阴晴冷暖等自然现象，吉凶之象，气味，阴阳二气，人体内流动的精微物质，器官组织的活动能力，病象，人的精神状态，呼吸，愤怒，作风，志气，力量，感情，习俗，命运，景象，特质，发怒等。

构字表义可记释为"云气（qì）流"。

既表义又表音，表义与云气，气状相关。

义例：如"氢"表示一种气态元素。

毛（máo）

甲骨文	金文	小篆	隶书	楷书	简书
	𦬉 𦬉	𦬉	毛	毛	毛

象形字，表示动物皮肤或植物表皮上生长的丝状物的形态，毛发，兽毛的意思；引申为人的须发，地上生长的植物，丝状霉菌，细小，粗糙，粗略，粗心，急躁，惊慌，不纯净，货币贬值，无，发怒等。

构字表义可记释为"毛（máo）发"。

既表义又表音，表义与毛发，丝状物，细小相关。

义例：如"毫，甲骨文：𩇯"表示细而尖的毛。

长，長（cháng，zhǎng）

甲骨文	金文	小篆	隶书	楷书	简书
𧾷	𣎆 𣎆 𣎆	𣎆	長	長	长

cháng，象形字，表示古代老人头上长发的形态，年老发长的意思；引申为空间和时间两点之间距离大，永久，深远，大，好，赞许，具备突出的才能技艺，优点，常常，多，盛等。

zhǎng，象形字，表示岁数大；引申为排行第一，辈分高，首领，主管，尊敬，重视，生出，抚养，增加，旺盛等。

"長"简化为"长"，为简化失形，字面上失去了长发飘垂的样子。

构字表义可记释为"头发长（cháng）"。

既表义又表音，表义与头发长，增大相关。

义例：如"套"表示又大又长。

片（piàn）

甲骨文	金文	小篆	隶书	楷书	简书
片		片	片	片	片

象形字，表示古人用工具修筑土墙的有垫物的竖立夹板的形态；引申为平而薄的东西，削成薄片，单方，半，花瓣，雪花，分段，整体中分出的一小部分，电影电视，不全，较大范围空间、全部等。

构字表义可记释为"片（piàn）板"。

表义与板状物，平薄之物，一半相关。

义例：如"版"表示筑墙用的夹板。

斤（jīn）

甲骨文	金文	小篆	隶书	楷书	简书
斤	斤 斤	斤	斤	斤	斤

象形字，上古时代砍木头用的斧头的形态；引申为兵器，小型农具，砍削，明察，过分等。

在古代，"斤"是一种工具，类似斧头，主要用于砍伐树木、劈柴等。后来演变为重量单位，在秦朝，一斤约合现在的250克，现代一斤等于500克。

构字表义可记释为"斤（jīn）斧"。

既表义又表音，表义与锛斧相关。

义例：如"匠"表示筐内有斤斧。

爪，爫（zhǎo，zhuǎ）

甲骨文	金文	小篆	隶书	楷书	简书
		爪	爪	爪	爪

zhǎo，象形字，表示用手向下抓取的形态，抓挠的意思；引申为掐，人的指甲，爪状东西，寻找，鸟兽的脚趾，爪状物，寻找等。

zhuǎ，表示某些动物的脚趾；引申为某些器物下端似爪的部分。

"爪"构字表义可记释为"爪（zhǎo）抓"。

"爫"构字表义可记释为"爪（zhǎo）抓头"。

既表义又表音，表义与抓取相关。

义例：如"爬，金文：🐾"表示手张开抓挠；"采，甲骨文：🐾"表示用手去摘树木上结的果实。

父（fǔ，fù）

甲骨文	金文	小篆	隶书	楷书	简书
			父	父	父

　　fǔ，指事字，左面是标示构件短竖，右面是表形构件"又"，表示父亲的意思，是对生殖崇拜的表达；引申为对老人的尊称，有才的男子的美称，从事某些行业的人，开始等。

　　fù，引申为男性长辈的通称，古代天子、诸侯、同姓同族的称呼，雄性，对神职人员的称呼，雄性动物；现专指父亲。

　　构字表义可记释为"父（fù）亲"。

　　既表义又表音，表义与男性长辈相关。

　　义例：如"爸"表示父亲。

月（yuè，ròu）

甲骨文	金文	小篆	隶书	楷书	简书
			月	月	月

　　yuè，象形字，表示围绕地球的卫星月球面对地球被部分照亮的视角形态，月球的意思；引申为月光，月相，一年的十二分之一，每月，似月的等。

　　ròu，象形字，同"肉"。

　　构字表义可记释为"弯月（yuè）球"。

　　既表义又表音，表义与月球，光亮，肉相关。

　　义例：如"朔（shuò），金文："表示夏历每月的第一天。

氏（shì）

甲骨文	金文	小篆	隶书	楷书	简书
丫丫	㇇丅千千丁	氐	氏	氏	氏

　　会意字，上面是省略四个点的表形构件"水"，下面是表形构件"十"，表示从水面往下直至水底的意思；引申为古代贵族表示宗族的称号，原始社会由父系联系起来的氏族，远古传说中的人物、国名、国号、朝代，古代少数民族支系的称号等。

　　构字表义可记释为"氏（shì）水底"。

　　义例：暂无表义构字。

欠（qiàn）

甲骨文	金文	小篆	隶书	楷书	简书
𣢪𣢪𣢪		𣢪	欠	欠	欠

　　象形字，表示跪坐之人困倦的时候打哈欠的形态；引申为身体微微向上或向前移动，不够，不如，缺少，痴呆，牵挂等。

　　构字表义可记释为"打哈欠（qiàn）"。

　　既表义又表音，表义与张口，出气相关。

　　义例：如"吹，甲骨文：𠦝"表示把嘴鼓起用力呼气。

风，風（fēng，fèng）

甲骨文	金文	小篆	隶书	楷书	简书
𩖌 𩖌	鳳	𠘗	風	風	风

fēng，象形字，表示神鸟"凤"的形态，后加示音构件"凡"，上古之人对风产生的原因缺乏认知，直观认为风就是鸟类扇动翅膀时飞扬起来的气流，所以如此造字，表示空气流动；引申为像风那样迅速普遍的，态度，作风，民歌，消息，传说，嬉戏，景色，癫狂，长期形成的礼节习俗等。

fēng，象形字，引申为吹，乘凉，教育，感化等。

构字表义可记释为"气流风（fēng）"。

既表义又表音，表义与空气流动状态相关。

义例：如"飏"表示空气飞扬般流动。

殳（shū）

甲骨文	金文	小篆	隶书	楷书	简书
𠘧	殳	𠘧	殳	殳	殳

会意字，上面是表形构件一种类似有圆头的兵器，右下是表形构件"又"，表示用一种手持的长柄圆头状兵器敲打的意思。

构字表义可记释为"殳（shū）敲打"。

既表义又表音，表义与驱使，敲打相关。

义例：如"投"表示将手持物件朝既定目标扔去。

文（wén）

甲骨文	金文	小篆	隶书	楷书	简书
夫 夫 夫 夫 夫	夫 夫 夫 夫 ◎ 夫	文	文	文	文

象形字，表示雌性牲畜的生殖部位的形态，金文中有的用"心"字特意表达了雌畜发情时的强烈情绪；引申为自然界中的规律性现象，掩饰，装饰，纹理，象形字，文章，撰写，善于言辞，文言，文字材料，现象，仪式，美德，华丽，美，柔和等。

这个字的造型是古时人们对雌性牲畜在繁衍期身体变化的表达。一种解释将"文"字解释为在人的胸口上刺画花纹，这种解释不是甲骨文造字的本义，花纹是后来的引申义。

构字表义可记释为"文（wén）雌畜繁衍"。

既表义又表音，表义与雌性牲畜繁衍期发情，纹理相关。

义例：如"吝（lìn），甲骨文：夫"表示雌性牲畜不发情也不产子；"甲骨文：夫"表示给发情期间的马配种；"产（産），金文：夫"表示动物生育产子；"彣（wén）"表示错综复杂的花纹或色彩。

方（fāng）

甲骨文	金文	小篆	隶书	楷书	简书
				方	方

会意字，中央是表形构件，表示生殖部位突出的男子侧面形象，加上标示构件一个表示穿通含义的符号"⼌"，表示一个站立的人，指向的位置，朝向，方向的意思；引申为挖掘后的四方坑，四边形，方形，所在位置，边境，方法，谋略，道理，常规，品类，药单，比较，正直等。

构字表义可记释为"方（fāng）向"。

既表义又表音，表义与朝向，直对相关。

义例：如"放，金文：𤔲"表示手持棍棒将有罪之人驱逐到远方。

火，灬（huǒ）

甲骨文	金文	小篆	隶书	楷书	简书
		火	火	火	火

象形字，表示物体燃烧时火焰升腾的形态；引申为燃烧时所产生的光和热，燃烧发光的东西，枪炮、武器、弹药，战斗，火灾，光芒，暴躁激动的情绪，中医指发炎、红肿、烦躁等的病因，古代兵制单位（十人），同伴，燃烧，用火做熟食物，用火光照看，发怒，与火相似的颜色，紧急，五行之一等。

"火"构字表义可记释为"火（huǒ）焰"。

"灬"构字表义可记释为"火（huǒ）四点"。

既表义又表音，表义与燃烧，火焰相关。

义例：如"炙（zhì）"表示用火烤肉。

斗（dǒu）

甲骨文	金文	小篆	隶书	楷书	简书
专 专	专	专	鬥	鬥	斗

指事字，在表形构件长勺下面加标示构件横，表示要用手持的汤勺或酒勺；引申为量器，斗状物，星星，微小等。

构字表义可记释为"斗（dǒu）勺"。

既表义又表音，表义与酒勺，斗形，容器相关。

义例：如"料，金文：🔡"表示用斗勺称量米。

户（hù）

甲骨文	金文	小篆	隶书	楷书	简书
曰 日 日	日	尸	户	户	户

象形字，表示沿着边轴转动的单扇门的形态；引申为门，人家，门第，从事相应职业的人家，巢穴等。

构字表义可记释为"户（hù）单门"。

既表义又表音，表义与门，住户，门第相关。

义例：如"启，甲骨文：🔡"表示用手开启一扇门。

礻，示（shì）

甲骨文	金文	小篆	隶书	楷书	简书
丁 示 示 丁	丅	示	示	示	示

象形字，表示用石头或木块搭起的供奉祭品的简易祭台；引申为上天显现的某种征兆，把事物摆出来或指出来让人知道，告知，告示，教导，对别人来信的敬称等。

"礻"构字表义可记释为"示（shì）祭旁"。

"示"构字表义可记释为"示（shì）祭"。

既表义又表音，表义与祭祀，鬼神，征兆，告知相关。

义例：如"社"表示向土祭拜。

肀，聿，聿，聿（yù）

甲骨文	金文	小篆	隶书	楷书	简书
肀 聿	肀 聿	聿	聿 聿	聿 聿	聿 聿 聿

象形字，表示右手手握细长物，毛笔的形态，笔的意思；引申为依照、治理等。

"肀"构字表义可记释为"聿（yù）写单竖"。

"聿"构字表义可记释为"聿（yù）写竖单横"。

"聿"构字表义可记释为"聿（yù）写竖双横"。

"聿"构字表义可记释为"聿（yù）写竖出双横"。

表义与书写、治理相关。

义例：如"书，金文：𦘧"表示将言语用笔记录书写；"伊，甲骨文：𦘧"表示手持工具给人治病。

毋（wú）

甲骨文	金文	小篆	隶书	楷书	简书
	㞷	㞷	毋	毋	毋

假借字，金文同"母"，小篆"母"字去掉两点改为横假借而出，表示不能与母亲同血缘关系的女子发生关系，不可，劝阻，禁止的意思，引申为不，没有谁，没有什么等。

构字表义可记释为"毋（wú）不"。

表义与行为禁止，不可相关。

义例：如"毐（ǎi）"表示品行不端的人。

五　画

玉（yù）

甲骨文	金文	小篆	隶书	楷书	简书
丰丰	王	王	玉	玉	玉

象形字，表示用一根绳子穿起来的三块或一串玉石的形态，玉石的意思；引申为玉石制品，玉礼器，佩玉，玉制乐器，精美的等。后为了和"王"字加以区别，在下面加了一点。

构字表义可记释为"玉（yù）石器"。

既表义又表音，表义与玉石，玉器相关。

义例：如"环、環，金文：瑗"表示中孔直径与外边宽度相同的圆形碧玉；"宝，甲骨文：宝"表示房屋里有贝和玉。

甘（gān）

甲骨文		金文	小篆	隶书	楷书	简书
甘 甘		甘	甘	甘	甘	甘

指事字，在表形构件"口"字里面加标示构件横，表示口中含有甜美可口的食物，甜美可口的意思；引申为美好的，动听的，美味，乐意，宽松等。

构字表义可记释为"甘（gān）甜"。

既表义又表音，表义与甜美，美味，美好相关。

义例：如"甜"表示像糖般的味道。

石（shí，dàn）

甲骨文		金文	小篆	隶书	楷书	简书
石 石		石	石	石	石	石

shí，会意字，左上面表形构件表示石磬（qìng）或石镰，下面表形构件"口"表示石磬缺了一个口，"石"字表示缺口掉下的石块的意思；引申为石刻，石制物，古代用来治病的石针，投掷，坚固，石状物等。

dàn，作量词，表示重量单位，等于120斤；容量单位，等于100升等。

既表义又表音，表义与石块相关。

义例：如"碧"表示青绿色的石头。

龙，龍（lóng）

甲骨文	金文	小篆	隶书	楷书	简书
龙（甲骨文）	龙（金文）	龍	龍	龍	龙

象形字，表示古代传说中身长有麟、有须、头上长角、长尾的神异动物的形态；引申为帝王，帝王相关的，才能出众的人，龙形状，健壮的马，龙卷云等。

"龍"简化为"龙"，为简化失形，字面上失去了龙的样子。

既表义又表音，表义与龙，龙形物相关。

义例：如"瓏"表示龙形的圭（一种玉器）。

歺（è）

甲骨文	金文	小篆	隶书	楷书	简书
歺（甲骨文）		歺	歺	歺	歺

è，象形字，表示剔完筋肉的剩余残骨。

dǎi，同"歹"字，表示坏，恶等。作偏旁时有"歺""歺"。

"歺"构字表义可记释为"歺（è）残骨"。

表义与残败，死伤，祸殃相关。

义例：如"餐"表示用手撕骨肉食用等。

业，業（yè）

甲骨文	金文	小篆	隶书	楷书	简书
	業	業	業	業	业

象形字，表示古代乐器架横木上起装饰作用的锯齿状大板的形态；引申为恭敬，谨慎，古代书册的夹板，学习的内容和过程，从事的主要工作，行业，事业，财产，次序，成就功业，创始，高大等。

"業"简化为"业"，为简化失形，字面上失去了横木架的样子。

构字表义可记释为"业（yè）樂版"。

既表义又表音，表义与锯齿状相关。

义例：如"黹（zhǐ），金文：黹"表示用针线绣成锯齿状的花纹。

目（mù）

甲骨文	金文	小篆	隶书	楷书	简书
		目	目	目	目

象形字，表示人的眼睛的形态；引申为动物的眼睛，看，使眼色，看待，看重，看法，品评，视野，孔眼，从大项分出的小项，事物的名称，目录，称呼，命名，头领，分类体系的

第四级等。作偏旁有时用"罒"头。

构字表义可记释为"目（mù）眼睛"。

既表义又表音，表义与眼睛，看相关。

义例：如"直，甲骨文：⩗"表示眼睛直视正前方。

罒，宀，冂，罔，网（wǎng）

甲骨文				金文	小篆	隶书	楷书	简书
网 网 网 网				网	网	罔 網	罔 網	罔 网

象形字，表示用绳子编结成的用于捕鱼或鸟兽的器具的形态；引申为网状物，网状组织和系统，像网一样笼罩等。

与"罔，網"字同义，加"纟"旁只为突出丝状绳子。用作偏旁时为"罒""宀""冂"。

"網"简化为"网"，为简化正形，回到了网原本的样子。

"罒"构字表义可记释为"网（wǎng）四头"。

"宀"构字表义可记释为"网（wǎng）冖（mì）头"。

"冂"构字表义可记释为"网（wǎng）冂（jiōng）"。

既表义又表音，表义与渔网，网状物，网状形态相关。

义例：如"罗，甲骨文：🐦"表示用网捕鸟；"罕（hǎn）"表示用于捕鸟的长柄小网，"罔（wǎng）"表示捕鱼的网状器具。

皿（mǐn）

甲骨文	金文	小篆	隶书	楷书	简书
			皿	皿	皿

象形字，表示盛物品用的带有底座的碗、碟、盘、盆等器具的形态。

构字表义可记释为"皿（mǐn）盛器"。

既表义又表音，表义与盛物器具，开口容器相关。

义例：如"血，甲骨文： "表示在器皿中用于祭祀的红色液体——牲血。

钅，金（jīn）

甲骨文	金文	小篆	隶书	楷书	简书
		金	金	金	钅

象形字，表示古代以火炼铜流出的铜液制成铜锭的形态，金属铜的意思；引申为金属，金属兵器，金属乐器，货币，钱财，贵重，坚固，秋天等。

"金"简化为"钅"，为简化失形，字面上失去了铜锭的样子。

构字表义可记释为"金（jīn）属铜"。

既表义又表音，表义与金属相关。

义例："针"表示用金属做成的缝衣针。

生（shēng）

甲骨文	金文	小篆	隶书	楷书	简书
里 单	里 里 里	里	生	生	生

　　象形字，表示幼苗从泥土中向上生长的形态，草木滋长的意思；引申为哺乳动物的幼体从母体诞生，出现，引发，生产，使某些燃烧物燃烧，养育，制造，存活，活捉，俘虏，生存，生命，生活，生存的过程，与生俱来的，充沛的，新鲜的，未成熟的，不熟悉的，生硬，不熟悉的人，读书人，从事某个职业的人，门徒，弟子等。

　　构字表义可记释为"生（shēng）长"。

　　既表义又表音，表义与长出，生长，出生相关。

　　义例：如"甦（sū）"表示复生。

矢（shǐ）

甲骨文	金文	小篆	隶书	楷书	简书
全 全	全 全 全	全	矢	矢	矢

　　象形字，表示具有箭头、箭身和箭尾的箭的形态；引申为正，直，施行，陈述等。

　　构字表义可记释为"矢（shǐ）箭"。

　　既表义又表音，表义与箭，直相关。

　　义例：如"知，金文：⿰"表示言辞从口中如箭般敏捷而出。

禾（hé）

甲骨文	金文	小篆	隶书	楷书	简书
			禾	禾	禾

象形字，表示谷物成熟谷穗下垂的形态，上有叶，中有茎，下有根；引申为谷类农作物，农作物苗，粮食作物总称，庄稼茎秆，年等。

构字表义可记释为"禾（hé）谷"。

既表义又表音，表义与谷物，禾苗，粮食相关。

义例：如"黍，甲骨文：" 表示谷物黄米。

白（bái）

甲骨文	金文	小篆	隶书	楷书	简书
			白	白	白

象形字，表示带有月牙的拇指指甲的形态；引申为白色，纯洁，明亮，清楚，清白，明辨，禀告，控告，道破，厌恶，丧事，空的，没有根据，别字，徒劳，无偿等。

构字表义可记释为"白（bái）色"。

既表义又表音，表义与白色，明亮相关。

义例：如"皎"表示月光洁白明亮。

瓜（guā）

甲骨文	金文	小篆	隶书	楷书	简书
	瓜	瓜	瓜	瓜	瓜

　　象形字，表示藤蔓上结的葫芦科植物的果实的形态；引申为瓜状物，分割等。

　　构字表义可记释为"瓜（guā）藤果"。

　　既表义又表音，表义与瓜果相关。

　　义例：如"瓢"表示将葫芦状果实剖开后制成的舀水器具。

鸟，鳥（niǎo）

甲骨文	金文	小篆	隶书	楷书	简书
鸟	鳥	鳥	鳥	鳥	鸟

　　象形字，表示嘴有钩喙、有尾、站立状的飞禽的形态；引申为长尾鸟类，有翅能飞的昆虫等。

　　"鳥"简化为"鸟"，为简化失形，字面上失去了鸟的翅膀的样子。

　　既表义又表音，表义与鸟类相关。

　　义例：如"鸣，甲骨文：鸣"表示鸡叫。

疒（chuáng，nè）

甲骨文	金文	小篆	隶书	楷书	简书
疒 疒 疒	疒	疒	疒	疒	疒

chuáng，会意字，左面表形构件表示床板，右面表形构件"人"表示人躺在床板上得重病出虚汗的意思。

nè，会意字，引申为病，靠着，手足麻木，急速等。

构字表义可记释为"病疒（chuáng）框"。

表义与疾病相关。

义例：如"疔（dīng）"表示一种坚硬、根深的疮病。

立（lì，wèi）

甲骨文	金文	小篆	隶书	楷书	简书
立	立 立	立	立	立	立

lì，指事字，表形构件"大"字下面加标示构件横，表示双臂和双腿张开的人站在地上不动的形态；引申为竖立，建立，制定，成就，成熟，存在，确定，马上等。

wèi，指事字，引申为位置。

构字表义可记释为"人站立（lì）"。

既表义又表音，表义与站立不动，竖起相关。

义例：如"端"表示直立不歪斜。

衤，衣（yī）

甲骨文	金文	小篆	隶书	楷书	简书
仚仚仚仚	仚仚仚仚	衣	衣	衣	衣

象形字，表示领口大且相交，用布、皮革做成的，穿在身上用于遮蔽身体和保暖的上装的形态；引申为服装，覆盖在物体表面的东西等。

"衤"用作偏旁。

构字表义可记释为"上衣（yī）"。

既表义又表音，表义与上装，穿着，表层相关。

义例：如"补"表示添上材料修理破损衣服；"表"表示毛外翻的兽皮衣。

疋，疋（shū）

甲骨文	金文	小篆	隶书	楷书	简书
𤴓𤴓𤴓	𤴓	疋	疋	疋	疋

象形字，在"止"上添加小腿和膝盖，表示小腿的形态。

构字表义可记释为"疋（shū）小腿"。

既表义又表音，表义与脚相关。

义例：如"胥（xū）"表示用多足动物蟹做的酱；"疏（shū）"表示小孩的小腿已经出来，顺利出生。

皮（pí）

甲骨文	金文	小篆	隶书	楷书	简书
	畠	戌	皮	皮	皮

会意字，上面表形构件表示兽皮，下面是表形构件"又"，"皮"字表示右手从头开始剥取兽皮的意思；引申为兽皮，制作皮革的工匠，皮衣，兽皮箭靶，生物的表层组织，剥开，表面，薄的东西，肤浅，橡胶质地的，柔韧，淘气等。

既表义又表音，表义与表皮，皮样物，表面相关。

义例：如"皯（gǎn）"表示皮肤黑而枯槁。

癶（bō）

甲骨文	金文	小篆	隶书	楷书	简书
癶	癶	癶	癶	癶	癶

会意字，两个相对的表形构件"止"表示走路双脚会相互踩踏，如罗圈腿似的行走，行动不便的意思。

构字表义可记释为"癶（bō）脚踏"。

表义与双脚互相踩踏相关。

义例：如"癹（bá），甲骨文：癹"表示用手持棍棒与双脚一起踏平荒草。

矛（máo）

甲骨文	金文	小篆	隶书	楷书	简书
	⅄	矛	矛	矛	矛

象形字，表示一端安装有扁平金属头、石头、骨头的长杆直刺兵器。

构字表义可记释为"矛（máo）兵器"。

既表义又表音，表义与兵器，刺杀相关。

义例：如"矜（qín）"表示兵器矛的柄。

母（mǔ）

甲骨文	金文	小篆	隶书	楷书	简书
母 母 母	母 母 母	母	母	母	母

象形字，"女"字加两点表示已产子正在哺乳期养育孩子的女子的形态，母亲的意思；引申为做母亲，养育，长辈妇女，老年妇女，最初的，根本，本钱，起包含作用的等。

构字表义可记释为"母（mǔ）哺女"。

既表义又表音，表义与成年女子相关。

义例：如"姆（mǔ）"表示以妇道教育人的女教师，受雇于人照管儿童或料理家务的妇女。

六 画

耒（lěi）

甲骨文	金文	小篆	隶书	楷书	简书

指事字，在表义构件"力"上加标示构件横，表示用于翻土犁地的带有弯曲木柄的手持工具的意思；引申为犁等。

在古代，"耒"主要指一种翻土所用的农具，形状像木叉，上面有曲柄，下面是犁头，用以松土，可看作是犁的前身。在古代农业生产中，耒被广泛使用，人们用它来开垦土地、播种等。

构字表义可记释为"耒（lěi）耕具"。

既表义又表音，表义与农具，农耕相关。

义例：如"耕"表示用耒在田地里翻地松土。

耳（ěr）

甲骨文	金文	小篆	隶书	楷书	简书

象形字，表示人的听觉器官耳朵的形态；引申为听，耳状物，位置相对等。

既表义又表音，表义与耳朵，耳状相关。

构字表义可记释为"耳（ěr）听器"。

义例：如"取，甲骨文："表示将抓住的野兽或战俘割去左耳。

臣（chén）

甲骨文	金文	小篆	隶书	楷书	简书
臣臣	臣臣	臣	臣	臣	臣

象形字，跪倒时眼睛向上而视的形态，表示屈服，跪倒，听从命令的人，战俘的意思；引申为官吏，被统治的民众，自谦之词，役使，认罪等。

构字表义可记释为"臣（chén）直眼屈服"。

既表义又表音，表义与眼睛，屈服，低头相关。

义例：如"卧"表示人低头俯视。

覀，襾（yà）

甲骨文	金文	小篆	隶书	楷书	简书
		襾	覀 襾	覀 襾	覀 襾

象形字，同"襾"，表示用布包成的塞子塞住坛子的口，不漏气的形态，覆盖，包裹的形态。"覀"作偏旁。

"覀"构字表义可记释为"覀（yà）盖头"。

"襾"构字表义可记释为"襾（yà）盖"。

既表义又表音，表义与覆盖，包裹相关。

义例：如"覆"表示将容器的有盖面朝下翻转。

西（xī）

甲骨文	金文	小篆	隶书	楷书	简书
			西	西	西

象形字，表示太阳落山，外出狩猎之人回家做饭用来装水的陶罐的形态；引申为太阳落下的方向等。作偏旁时有时用"覀"。

构字表义可记释为"西（xī）陶器"。

既表义又表音，表义与器具相关。

义例：如"栖"表示鸟在巢穴中歇息。

而（ér，néng）

甲骨文	金文	小篆	隶书	楷书	简书
			而	而	而

ér，象形字，表示下巴处有长长的下垂胡须的形态，下巴胡须的意思；引申为好像，就是等。

néng，表示能够，才能，安定等。

构字表义可记释为"而（ér）胡须"。

既表义又表音，表义与胡须，须状物相关。

义例：如"耏（nài）"表示一种剃掉胡须的轻度刑罚。

页，頁（xié，yè）

甲骨文	金文	小篆	隶书	楷书	简书
𩑋 𩑋 𩑋 𩑋	𩠐	頁	頁	頁	页

xié，会意字，上面是表形构件"首"，下面是表形构件"人"，表示一个跪坐着的人；引申为直颈等。

yè，由面孔引申为书籍等的一张纸等。

"頁"简化为"页"，为简化失义，字面上失去了人的头部。

构字表义可记释为"页（xié）脸"。

既表义又表音，表义与头脸，思考相关。

义例：如"顾"表示将脸转回头看。

至（zhì）

甲骨文	金文	小篆	隶书	楷书	简书
𠤦 𠤦	𠃉 𠃉	𡊃	至	至	至

象形字，表示射来的箭箭头朝下地落到眼前地面上的形态；引申为到达，到来，极致等。

构字表义可记释为"至（zhì）达"。

既表义又表音，表义与到达，极致相关。

义例：如"到，金文：𠃉"表示人已抵达某处。

虍（hū），虎（hǔ）

甲骨文	金文	小篆	隶书	楷书	简书
虍虎虍虎	虍虎虍虎	虎	虎	虍 虎	虍 虎

象形字，同"虎"，表示体形最大的猫科动物老虎；引申为像老虎的，威武，勇猛，凶暴，表情凶恶，吓唬。"虍"只作偏旁。

构字表义可记释为"动物虎（hǔ）"。

既表义又表音，表义与虎类动物，勇猛，凶暴相关。

义例：如"虔（qián），金文：虔"表示有花纹的老虎行走时充满威仪的样子。

虫，蟲（chóng）

甲骨文	金文	小篆	隶书	楷书	简书
虫虫虫	虫虫虫虫	虫蟲	蟲	蟲	虫

象形字，表示动物蛇的形态，现在专指无脊椎动物中的节肢动物昆虫。

"蟲"简化为"虫"。

构字表义可记释为"虫（chóng）蛇"。

既表义又表音，表义与条状动物，昆虫相关。

义例：如"蛊（gǔ），甲骨文：蛊"表示人工饲养的毒虫。

肉（ròu）

甲骨文	金文	小篆	隶书	楷书	简书
⟩𝔻ɑ		𝕖	肉	肉	肉

象形字，表示切开供食用的一大块动物组织的形态；引申为皮肤下的柔软组织，瓜果的可食用部分等。

"肉"与"月"的形态相近，故"月"作偏旁时部分字带有"肉"的含义。

既表义又表音，表义与肌肉，肉状物相关。

义例：如"腐"表示肉霉烂变质。

缶（fǒu）

甲骨文	金文	小篆	隶书	楷书	简书
𝕒	𝕒 𝕒	𝕒	缶	缶	缶

象形字，表示有提手盖子的陶罐的形态；引申为盛酒、水、物的陶器，瓦质的打击乐器等。

在古代，"缶"是一种瓦器，圆腹小口，有盖，原本是陶器，后来出现青铜缶，可用于盛酒、盛水等。后演变成一种打击乐器，敲击时可以发出不同的声音，主要在一些音乐演奏或娱乐活动中使用。它的容器含义又可作为量词，如一缶酒。

构字表义可记释为"缶（fǒu）陶器"。

既表义又表音，表义与陶器，瓦器相关。

义例：如"摇"表示用手来回晃动陶罐。

舌（shé）

甲骨文	金文	小篆	隶书	楷书	简书

象形字，表示动物张口伸出识别味道的舌头的形态。

当动物张口，口腔里的舌头就会出现，并大量分泌唾液，"舌"字就是这种形象表达。

构字表义可记释为"舌（shé）味器"。

既表义又表音，表义与舌头，言语相关。

义例：如"舐"表示用舌头接触东西。

竹，⺮（zhú）

甲骨文	金文	小篆	隶书	楷书	简书

象形字，表示竹子长长的茎上长有两两对生的竹叶的形态。"⺮"用作偏旁。

既表义又表音，表义与竹子相关。

义例：如"笛"表示用竹子制作的管乐器。

臼（jiù）

甲骨文	金文	小篆	隶书	楷书	简书
∪ ∪	∪ ∪ ∪	臼	臼	臼	臼

象形字，表示古人在地上挖的一个用于杵去谷物外皮的坑的形态，舂米的器具的意思；引申为舂（chōng）捣的器具，臼状物等。

构字表义可记释为"臼（jiù）舂（chōng）坑"。

既表义又表音，表义与舂捣，坑相关。

义例：如"臽（xiàn），甲骨文：🌀"表示人陷在小坑里。

自（zì）

甲骨文	金文	小篆	隶书	楷书	简书
自 自 自	自 自 自 自	自	自	自	自

象形字，表示人的鼻子的形态；引申为开始，开头，本人等。后造"鼻"字代替。

构字表义可记释为"自（zì）鼻"。

既表义又表音，表义与鼻子相关。

义例：如"臭，甲骨文：🐕"表示犬用鼻子辨别气味。

血（xuè，xiě）

甲骨文	金文	小篆	隶书	楷书	简书
			血	血	血

xuè，会意字，在表形构件"皿"字里面加表示液体的一点，表示器皿中用于祭祀的红色液体，血的意思；引申为血液，刚强的气质，血红色，涂染，杀伤，悲痛的泪水等。

xiě，会意字，表示血液的意思。

构字表义可记释为"血（xuè）液"。

既表义又表音，表义与血液相关。

义例：如"衃（pēi）"表示赤黑色的淤血。

舟（zhōu）

甲骨文	金文	小篆	隶书	楷书	简书
		舟	舟	舟	舟

象形字，表示木制的无篷独木小船的形态；引申为船，乘船，用船运载，古代祭祀器皿，酒器等。

构字表义可记释为"舟（zhōu）小船"。

既表义又表音，表义与船相关。

义例：如"舱"表示船上用于载人载物的空间。

色（sè，shǎi）

甲骨文	金文	小篆	隶书	楷书	简书
			色	色	色

sè，会意字，上面是表形构件"人"，下面是表形构件"卩"（跪坐之人），一种说法表示站立的人对下跪之人训斥时脸上的表情，另一种说法是下跪的人示弱的谄媚、讨好表情；引申为表情，外表，面色，女子美貌，颜色，景象，种类，履历，物质的成分，征兆等。

shǎi，表示色子，骰子，颜色等。

既表义又表音，表义与神情，气色，颜色相关。

义例：如"艴（fú）"表示生气时的表情。

齐，齊（qí）

甲骨文	金文	小篆	隶书	楷书	简书
		齊	齊	齊	齐

象形字，表示农作物吐穗平整的形态；引申为平整，一致，全，平等，好，敏捷，整齐，相同，并列，聚齐，同时等。

"齊"简化为"齐"。

构字表义可记释为"齐（qí）禾麦"。

既表义又表音，表义与整齐，平整，一致相关。

义例：如"斋（zhāi），金文：𣪩"表示古人祭祀时献祭小麦。

羊，⺶，⺷（yáng）

甲骨文	金文	小篆	隶书	楷书	简书
↓↓↓♈	↑↑↓♈	羊	羊	羊	羊

象形字，表示哺乳动物公羊头部正面的形态；引申为吉利，完备等。羊在古代是饮食和祭祀佳品。"⺶""⺷"用作偏旁。

构字表义可记释为"动物羊（yáng）"。

既表义又表音，表义与羊，美，善良，吉祥相关。

义例：如"美，甲骨文：𢏏"表示成年男子头上戴着羊角头饰；"羌，甲骨文：𦍌"表示上古时代牧羊的部族。

米（mǐ）

甲骨文	金文	小篆	隶书	楷书	简书
⫶米⫶	米米	米	米	米	米

象形字，表示横垂的成熟谷类去掉外皮后籽实的形态；引申为脱壳的谷物，水稻，密集的绣纹等。

构字表义可记释为"米（mǐ）籽实"

既表义又表音，表义与谷物，粮食相关。

义例：如"粮"表示用米制成的供军队食用的主食。

艮（gèn）

甲骨文	金文	小篆	隶书	楷书	简书
			艮	艮	艮

会意字，上面是表形构件“目”，下面是表形构件“人”，人转头往后瞪眼，表示扭头瞪眼，痛苦而愤怒地凝视的意思；引申为停止，静止，界限，东北方，山，艰难等。

构字表义可记释为“艮（gèn）瞪眼”。

既表义又表音，表义与扭头瞪眼，愤怒，停止，艰难相关。

义例：如“恨”表示让人痛苦的遗憾。

羽（yǔ）

甲骨文	金文	小篆	隶书	楷书	简书
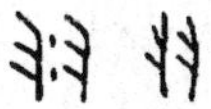			羽	羽	羽

象形字，表示鸟的一对双翅的形态；引申为昆虫翅膀，羽毛，鸟类，羽扇，旌旗，箭，党羽等。

构字表义可记释为“鸟羽（yǔ）”。

既表义又表音，表义与羽毛，鸟翅，飞行，羽毛状相关。

义例：如“翔”表示鸟展翅飞翔。

七 画

麦，麥（mài）

甲骨文	金文	小篆	隶书	楷书	简书
夫麦麦	麦麦	麦	麥	麥	麦

　　会意字，上面是表形构件"来"（大麦），下面是表形构件"夂"（归返），表示上天赐予人们的食物大麦到来的意思；引申为小麦，麦类总称等。

　　当春天麦苗萌芽时，农作的人们必须用脚踩麦苗周围的土才能利于日后小麦的生长，而小麦这种农作物是 4000 年前从西亚经中亚传入中国的，后成为黄河中下游中原地区人们广泛种植的农作物。

　　"麥"简化为"麦"，为简化失义，字面上失去了"来"的含义。

　　构字表义可记释为"麦（mài）谷（gǔ）"。

　　既表义又表音，表义与小麦，食物相关。

　　义例：如"麸（fū）"表示小麦磨成面粉后剩下的麦皮和碎屑。

走（zǒu）

甲骨文	金文	小篆	隶书	楷书	简书
夊	𡕢 𡕢	𧺆	走	走	走

　　会意字，上面是表形构件"夭"（手臂摇摆），下面是表形构件"止"，表示人前臂摆动着快速行走，跑动的意思；引申为逃跑，步行，往，流行，移动，离开，失去，走漏，排泄，起立等。

　　构字表义可记释为"快走（zǒu）跑"。

　　既表义又表音，表义与快速行走相关。

　　义例：如"赴，金文：𧺷"表示急速前往。

赤（chì）

甲骨文	金文	小篆	隶书	楷书	简书
𤆍 𤆍 𤆍	𤆍 𤆍	𤆍	赤	赤	赤

　　会意字，上面是表形构件"大"，下面是表形构件"火"，表示古代祭天求雨的祭祀仪式；引申为燃烧时的黄红颜色，红色，赤子，百姓，忠诚，纯金，一无所有，裸露，南方等。

　　长时间无雨，农作物就会因为干旱而枯死，古时的人们就发明了一种祭天求雨的祭祀仪式，把人放在火里烧，用人祭以示虔诚。

　　构字表义可记释为"赤（chì）火祭"。

　　既表义又表音，表义与裸露，火红，红色相关。

　　义例：如"赪（chēng）"表示浅红色。

豆（dòu）

甲骨文	金文	小篆	隶书	楷书	简书
豆 豆 豆	豆 豆 豆 豆	豆	豆	豆	豆

象形字，表示一种古代盛食物的器皿，高脚，上面带有盖子的圆形器物的形态，又因为器皿形态类似荚果的外形，也表示豆科植物；引申为容器，豆状物，酒器等。

构字表义可记释为"豆（dòu）盛圆器"。

既表义又表音，表义与食器，豆类植物，豆类形状相关。

义例：如"登，甲骨文：豆"表示双手捧着装有新收的谷物的器皿走上高台进献神灵。

酉（yǒu）

甲骨文	金文	小篆	隶书	楷书	简书
酉 酉 酉 酉	酉 酉 酉 酉	酉	酉	酉	酉

象形字，表示封口的上大下小的装酒坛子的形态，也指酒；引申为成熟，地支第十等。

构字表义可记释为"酉（yǒu）酒坛"。

既表义又表音，表义与酒，酒器相关。

义例：如"醇"表示酒质浓厚。

辰（chén）

甲骨文	金文	小篆	隶书	楷书	简书
			辰	辰	辰

　　会意字，用表形构件"石"（石镰）割断弯曲的线条（脐带），金文的下面加了表形构件"又"，表示用石制刀具割断婴儿脐带的意思；引申为震动，时间等。

　　上古时期婴儿降生，人们使用石制工具割断婴儿与母体相连的脐带。"辰"字的甲骨文正是这一过程的形象表达。

　　构字表义可记释为"辰（chén）断分"。

　　既表义又表音，表义与割断，分开，震动相关。

　　义例：如"晨"表示太阳升起，白天与夜晚分开的时候。

豕（shǐ）

甲骨文	金文	小篆	隶书	楷书	简书
			豕	豕	豕

　　象形字，表示长嘴、短脚、腹部大、尾下垂的动物猪的形态。

　　构字表义可记释为"豕（shǐ）猪"。

　　表义与猪类动物相关。

　　义例：如"豚（tún），甲骨文："表示为了食肉而养殖的小猪。

卤，鹵（lǔ）

甲骨文	金文	小篆	隶书	楷书	简书
𡿺 𡿺 𡿺 𡿺	𡿺	鹵	鹵	鹵	卤

指事字，表形构件的竹篓里加标示构件四个点，表示篓里有盐卤的意思，盐卤是用海水或盐湖水制盐时，盐池内的母液蒸发冷却后析出的氯化镁结晶形成的卤块，也称为苦卤、卤水，用传统方法制作豆腐时常用的凝固剂。

古代人们制作盐卤，是用簸箕等器具将盐池水过滤晒干，"卤"字就是这一过程的形象表达。

"鹵"简化为"卤"。

构字表义可记释为"鹵（lǔ）盐"。

既表义又表音，表义与盐卤相关。

义例：如"鹹（xián）"表示像盐那样的味道。

里，裹，裡（lǐ）

甲骨文	金文	小篆	隶书	楷书	简书
	里 里 𡈼 𡈼	里	里裹	里裹	里裹裡

"里"会意字，上面是表形构件"田"，下面是表形构件"土"，表示人们聚居在有土有田的地方；引申为家乡，城镇街坊，古代户籍管理的组织单位，长度单位，居住，计

算等。

　　"裹"会意字，上下是表形构件"衣"，中间是表义构件"里"，表示内衣的意思；引申为衣服的内层，内部，一定范围之内，某段时间内。"裹"简化为"里"，为简化错字。"裹"和"里"是含义不同的两个字。

　　"裡"是"裹"异体字，也简化为"里"，也为简化错字。

　　"里"构字表义可记释为"里（lǐ）居地"。

　　既表义又表音，表义与居住地，家乡，内层相关。

　　义例：如"浬（lǐ）"表示海洋上的距离单位。

𧿹，足（zú）

甲骨文	金文	小篆	隶书	楷书	简书
𧾷𧾷	𧾷𧾷𧾷𧾷	𧾷	足	足	足

　　象形字，表示膝盖下小腿的形态，有两种解释：一种是以《说文解字》为代表的表示人膝盖以下的小腿部分；另一种解释是表示在脚踝以下的部分。

　　"足"这个字在汉字的历史发展中与"止""腿""脚"的含义出现了混淆。追其本源，"止"字表示脚踝以下，意思是指脚掌部位，是象形字；"腿"无甲骨文、金文和小篆，表示躯干以下脚以上的部位，是形声字；"脚"字也无甲骨文和金文，篆书为"脚"，表示小腿，是形声字。在用"足"字的年代还没有字来表示小腿，而"足"的甲骨文和金文上面的圆圈代表了膝盖。因此，"足"的意思应该是指膝盖以下的小腿，含脚掌，这也是甲骨文象形造字的本义，而现在指"足"为脚掌是一种误解。

构字表义可记释为"足（zú）小腿"。

既表义又表音，表义与小腿，行动，物体下部底部相关。

义例：如"践"表示用足踩踏。

臼（jú）

甲骨文	金文	小篆	隶书	楷书	简书
𦥑	𦥑			臼	臼

会意字，左右两面是表形构件两只相对的手，表示用两手拖拉的意思；引申为收敛，聚集的意思。

构字表义可记释为"臼（jú）双手拉"。

表义与双手拖拉，牵引相关。

义例：如"舁（yú），甲骨文：𦥚"表示双手拖拉人。

身（shēn）

甲骨文	金文	小篆	隶书	楷书	简书
			身	身	身

指事字，在表形构件"人"字中间加一个半圆线条，表示人腹部鼓起的形态，怀孕，表示腹部鼓起和下垂，曲身的意思；引申为整个躯体，大腿以上颈部以下的躯干，物体的主干或主体部分，自己，自己的生命，一辈子，自己的品德，人的地位，体验，担任，亲自等。

既表义又表音，表义与身体，躯干相关。

义例：如"躼（lāng）"表示身体瘦小。

采（biàn）

甲骨文	金文	小篆	隶书	楷书	简书
			采	采	采

象形字，表示野兽蹄爪痕迹的形态，兽蹄，兽蹄印迹的意思；引申为辨别等。

构字表义可记释为"采（biàn）兽痕"。

既表义又表音，表义与兽蹄，辨别相关。

义例：如"释、釋，甲骨文："表示解说。

谷，穀（gǔ）

甲骨文	金文	小篆	隶书	楷书	简书
谷 谷	谷 谷	简 穀	谷穀	谷穀	谷

会意字，表上面是表形构件水流，下面是表形构件"口"，表示水流的出口，山谷的意思；引申为水流，两山间的流水道，两山间狭长的地带，很深的坑穴，困境等。

"穀"简化为"谷"，为简化错字，表示谷物，粮食作物的总称；引申为俸禄，进食，养育，生长，美等。

构字表义可记释为"山谷（gǔ）"。

既表义又表音，表义与山谷、水流相关。

义例：如"谾（hōng）"表示山谷又空又深。

豸（zhì）

甲骨文	金文	小篆	隶书	楷书	简书
豸	豸 豸	豸	豸	豸	豸

象形字，表示动物猫的形态，长脊柱，长尾巴，头形较圆。

构字表义可记释为"豸（zhì）猫"。

既表义又表音，表义与猫，似猫的动物相关。

义例：如"豹"表示猫科动物豹子。

龟，龜（guī）

甲骨文	金文	小篆	隶书	楷书	简书
龟 龟	龟 龟	龟	龜	龜	龟

象形字，表示动物乌龟的形态。

"龜"简化为"龟"。

构字表义可记释为"动物龟（guī）"。

既表义又表音，表义与乌龟，似龟类动物相关。

义例：如"鱻（jiāo）"表示龟甲烧焦而没有兆文显示。

角（jiǎo，jué）

甲骨文	金文	小篆	隶书	楷书	简书
角 角 角 角	角 角 角	角	角	角	角

jiǎo，象形字，表示长在动物头顶或者鼻前的用于防御或攻击的骨状突起物的形态，兽角的意思；引申为额头，兽角状物，物体边缘相接的部分，偏僻的地方，数学上指由一点发出的两条射线所组成的图形等。

jué，象形字，引申为竞赛，戏剧影视中扮演的人物，演员等。

构字表义可记释为"兽头角（jiǎo）"。

既表义又表音，表义与兽角，角状物相关。

义例：如"触，金文：触"表示用角抵撞。

辛（xīn）

甲骨文	金文	小篆	隶书	楷书	简书
		辛	辛	辛	辛

　　象形字，表示上古时代的工具——凿子的形态。古时用这种工具在罪犯脸上、身体的突出部位刺字；引申为犯罪，酸痛，痛苦，劳苦，一种味道等。

　　构字表义可记释为"辛（xīn）凿具"。

　　既表义又表音，表义与刀凿，罪行，悲痛，辛味相关。

　　义例：如"宰，甲骨文："表示在作坊里杀牲畜以备祭祀。

八　画

青（qīng）

甲骨文	金文	小篆	隶书	楷书	简书
		青	青	青	青

　　会意字，本字为"青"，上面是表形构件"生"（植物刚从土里长出），下面是表义构件"丹"（红色的朱砂），在五行对应关系中，木应东方，东方苍龙，苍为草之色，于是"青"表

示初生的植物的新绿色；引申为蓝色，黑色，青色，春季，东方，青年时期等。

绿色的分类有多种，"青"是绿色的一种，古代人们为了明确植物初生的绿色，特意造了这个字。

构字表义可记释为"青（qīng）新绿"。

既表义又表音，表义与新绿色，初生状态相关。

义例：如"静，金文：𩇔"表示色彩鲜明。

𠥓，卓（zhuó）

甲骨文	金文	小篆	隶书	楷书	简书
𩵋 𩵋	𩵋	𣎳	卓	卓 卓	卓 卓

会意字，同"卓"，上面是表形构件"匕"（勺子），下面是表形构件"𢁝（bān）"（长柄高杆），表示捕猎用的网兜的意思；引申为高远，高立等。

构字表义可记释为"卓（zhuó）捕网"。

既表义又表音，表义与用网兜捕捉，高远，直立相关。

义例：如"罩"表示捕鱼用的竹篓。

雨（yù，yǔ）

甲骨文	金文	小篆	隶书	楷书	简书
		雨	雨	雨	雨

yù，象形字，动词，表示水滴从天上云层中降落的形态，下雨的意思；引申为如下雨状，密集地射击，灌溉等。

yǔ，象形字，名词，表示从天上落下的水滴；引申为如雨状，教诲，朋友，离散等。

表义与雨，水，云，雷相关。

义例：如"雪，甲骨文："表示从云层下落的水凝结的白色结晶体。

非（fēi）

甲骨文	金文	小篆	隶书	楷书	简书
		非	非	非	非

会意字，左右两面是表形构件两个背对背的"人"，表示各行其是，背道而驰，违背的意思；引申为错误，假的，仇恨，讽刺，无，不是等。

构字表义可记释为"非（fēi）背对"。

既表义又表音，表义与相对，错误，违背相关。

义例：如"罪，小篆："表示两根竹子相对，中间用网线相连的捕鱼竹网。

齿，齒（chǐ）

甲骨文	金文	小篆	隶书	楷书	简书
⊞ ⊞ ⊞ ⊞	⊌	齒	齒	齒	齿

　　象形字，表示口中有门牙的形态；引申为牙齿，齿状物，年龄，同类，同辈，并列，相次排列，收纳，录取，挡，象牙等。

　　"齒"简化为"齿"。

　　构字表义可记释为"齿（chǐ）门牙"。

　　表义与牙齿，牙齿状相关。

　　义例：如"龈（kěn）"表示用牙齿啃咬，"龈（yín）"表示牙齿根部的肉。

黾，黽（měng）

甲骨文	金文	小篆	隶书	楷书	简书
⊻ ⊻	⊻ ⊻	黽	黽	黽	黾

　　象形字，表示蛙类动物的形态。

　　"黽"简化为"黾"。

　　构字表义可记释为"黽（měng）蛙"。

　　既表义又表音，表义与似蛙类动物相关。

　　义例：如"鼋（yuán）"表示像蛙的大鳖。

隹（zhuī）

甲骨文	金文	小篆	隶书	楷书	简书
		隹	隹	隹	隹

　　象形字，表示有头、身、翅膀、足的鸟的形态；引申为短尾巴小鸟等。

　　构字表义可记释为"隹（zhuī）鸟"。

　　既表义又表音，表义与鸟类相关。

　　义例：如"集，甲骨文："表示群鸟聚集在树上。

鱼，魚（yú）

甲骨文	金文	小篆	隶书	楷书	简书
		魚	魚	魚	鱼

　　象形字，表示一种水生脊椎动物的形态，一般身体侧扁，有鳞和鳍，用鳃呼吸；引申为似鱼的水栖动物，鱼状物等。

　　"魚"简化为"鱼"。

　　构字表义可记释为"水动物鱼（yú）"。

　　既表义又表音，表义与鱼类动物相关。

　　义例：如"鲨"表示生活在南方溪涧中的小鱼。

隶（dài，lì）

甲骨文	金文	小篆	隶书	楷书	简书
𦘔	𫩏	隶	隸	隸	隶

　　dài，会意字，左面是表形构件一只动物的尾巴，右面是表形构件"又"，表示用手逮住，捕获的意思。

　　lì，引申为奴仆，差役，附属等。

　　构字表义可记释为"隶（dài）捕获"。

　　既表义又表音，表义与逮捉，规范，整治相关。

　　义例：如"隶（lì）"表示被捕获后充当奴隶的人等。

九　画

革（gé）

甲骨文	金文	小篆	隶书	楷书	简书
𩊅 𩊅	𩊅 𩊅	革	革	革	革

　　会意字，主体是表形构件有头有尾、有身有爪的动物皮毛，中间是表形构件"爪"，表示双手正在处理兽皮或去掉毛的兽皮；引申为除去，改变，加工后的兽皮，皮制甲胄等。

　　构字表义可记释为"皮革（gé）"。

　　既表义又表音，表义与皮革，除去相关。

　　义例：如"靴"表示长筒皮鞋。

面（miàn）

甲骨文	金文	小篆	隶书	楷书	简书
		圙	面	面	面

会意字，里面是表形构件"目"，外面是标示构件的一个圈，里边是眼睛，外边是脸的轮廓，表示人的面目的意思；引申为外层、外表、朝向等。

构字表义可记释为"目面（miàn）"。

既表义又表音，表义与脸面，表层相关。

义例：如"靥（yè）"表示面颊上的小圆窝。

韭（jiǔ）

甲骨文	金文	小篆	隶书	楷书	简书
		韭	韭	韭	韭

象形字，表示百合科多年生草本植物韭菜的形态，叶细长而扁，日常作蔬菜食用。

构字表义可记释为"韭（jiǔ）菜"。

既表义又表音，表义与韭菜，韭菜状相关。

义例：如"蹯（fán）"表示像韭菜的一种小蒜。

骨（gǔ）

甲骨文	金文	小篆	隶书	楷书	简书
		骨	骨	骨	骨

　　象形字，表示人和脊椎动物体内支持身体、保护内部器官的坚硬组织的形态，人和动物骨骼的意思。小篆后加了"月"字，表示骨肉相连。引申为人的尸骨，人的品质，支撑物体的支架等。

　　既表义又表音，表义与骨头，支架相关。

　　义例：如"髂（jì）"表示小骨。

香（xiāng）

甲骨文	金文	小篆	隶书	楷书	简书
		蕾	香	香	香

　　会意字，上面是表形构件"黍"（五谷之一的农作物，又称黄米），下面是表形构件"口"，周围的小点是表示籽实的标示构件，"日"字是变体，小篆为"甘"，黍米粒掉进嘴里，表示品尝到了粮食的味道，馨香的意思。

　　"黍"是一种古老的粮食作物，籽实呈淡黄色，颗粒比小米稍大，有光泽，植株一般较矮，茎秆较为粗壮，叶子细长。对土壤要求不高，在较为贫瘠的土地上也能生长，耐旱、耐瘠薄。一般生长周期较短，能在较短的时间内成熟。在古代，黍是重要的粮食来源之一，可以煮粥、做糕等，黍米口感黏糯，有独特的风味，也是酿酒的重要原料之一，用黍酿出的酒味道醇厚。因此在人们心中自然而然地用"香"字来表达口感很好。

构字表义可记释为"香（xiāng）味"。

表义与香味相关。

义例：如"馞（bó）"表示香气浓烈。

鬼（guǐ）

甲骨文	金文	小篆	隶书	楷书	简书
甲骨文字形	金文字形	鬼	鬼	鬼	鬼

会意字，上面是表形构件骷髅头，下面是表形构件"人"，表示人死后的称呼；引申为精灵，怪物，人死后的灵魂，隐秘莫测，邪恶，糟糕，不可告人的勾当，聪明的孩子，蔑称，技艺精巧等。

人死后，经过一段时间，人的骨架就会出现，而头骨是最具有特征的，出于对人死后状态的猜想，人们造了"鬼"字来表达。

构字表义可记释为"鬼（guǐ）死人"。

既表义又表音，表义与鬼，丑恶相关。

义例：如"魂"表示人死后离开身体的精神。

音（yīn）

甲骨文	金文	小篆	隶书	楷书	简书
音	音	音	音	音	音

　　会意字，上面是表形构件喇叭形乐器，下面是表形构件"口"，表示用嘴吹奏乐器发出声音的意思；引申为乐曲，声响，语音，消息等。甲骨文、小篆字形与"言"字相同。

　　构字表义可记释为"声音（yīn）"。

　　既表义又表音，表义与声音，声响相关。

　　义例：如"喑（yīn）"表示小儿哭泣不止。

首（shǒu）

甲骨文	金文	小篆	隶书	楷书	简书
首	首 首	首	首	首	首

　　象形字，表示初生胎儿带有头发的头部形态，人头的意思；引申为最上端，开始，首要，首领，最早，第一，朝向等。

　　构字表义可记释为"首（shǒu）头"。

　　表义与头，开端，重要相关。

　　义例：如"稽（qǐ）"表示叩头到地。

十 画

髟（biāo）

甲骨文	金文	小篆	隶书	楷书	简书
𨱋	𣬭	髟	髟	髟	髟

会意字，左面是表形构件"長"，右面是标示构件"彡"，表示头发长且浓密飘垂的意思。

构字表义可记释为"髟（biāo）发垂"。

表义与毛发相关。

义例：如"髵（ér）"表示长长垂下的胡须。

鬲（lì，gé）

甲骨文				金文				小篆	隶书	楷书	简书
鬲	𩱏	鬲	鬲	鬲	鬲	鬲	鬲	鬲	鬲	鬲	鬲

lì，象形字，表示下面三足，上面圆口的古代炊具的形态。

gé，引申为分隔，阻隔等。

鬲是中国古代的一种炊具，形状一般为侈（chǐ）口（口沿外倾），有三个中空的足，早期多为陶制，后来出现了青铜等金属材质的鬲。主要用于煮食物，三个足可以使鬲在加热时更加稳定，同时扩大了底部与火的接触面积，有利于均匀受热。在古代社会，鬲是人们日常生活中不可或缺的器具，它的出现和发展反映了当时人们的生活方式和烹饪水平。

构字表义可记释为"鬲（lì）炊具"。

既表义又表音，表义与炊具，阻隔相关。

义例：如"融"表示炊具的气体往上飘出。

鬥（dòu）

甲骨文	金文	小篆	隶书	楷书	简书
𣪊 𢧵		鬥	鬥	鬥	鬥斗

象形字，表示两个怒发冲冠的人纠缠在一起厮打的形态，对打，搏斗的意思。引申为打仗，比赛，批判，凑在一起，招引等。

"鬥"简化为"斗"，为简化错字。

构字表义可记释为"鬥（dòu）对打"。

表义与争斗相关。

义例：如"鬨（hòng）"表示战斗。

高（gāo）

甲骨文	金文	小篆	隶书	楷书	简书
高高高高	高高高高	高	高	高	高

会意字，上面是表形构件男性向上挺立的生殖部位，中间是表形构件男性分开站立的双腿，下面是标示构件"口"（此处表示女性坤户）；引申为高度，高处，擅长，地位等级靠前，岁数大，尊重，大，深远，超过，声音大等。

构字表义可记释为"高（gāo）挺"。

既表义又表音，表义与男性生殖部位，高大，空间大相关。

义例：如"髚（qiào）"表示向上翘起。

黄（huáng）

甲骨文	金文	小篆	隶书	楷书	简书
	黄黄	黄	黄	黄	黄

会意字，上面是标示构件"口"（此处表示女性坤户），下面是表义构件"寅"，表示女性顺利生育的黄色皮肤的孩子，黄疸肤色的意思；引申为黄颜色，事情落空等。

婴儿黄疸是新生儿时期常见的症状之一，婴儿黄疸症状的显著特征之一就是皮肤呈现黄色，因此人们造了这个字。

构字表义可记释为"黄（huáng）颜色"。

既表义又表音，表义与生育，黄颜色相关。

义例：如"黇（tiān）"表示浅黄色。

麻（má）

甲骨文	金文	小篆	隶书	楷书	简书
	麻	麻	麻	麻	麻

会意字，上面是表形构件"厂"，下面是表义构件"林"，表示被剥离出的植物麻的茎皮纤维；引申为丧服，众多，斑点，不光滑等。

构字表义可记释为"植物麻（má）茎"。

既表义又表音，表义与麻纤维状，粗糙相关。

义例：如"麤（zōu）"表示麻秆。

鹿（lù）

甲骨文	金文	小篆	隶书	楷书	简书
鹿鹿	鹿鹿	鹿	鹿	鹿	鹿

象形字，表示头上长有树枝状角，四肢细长，短尾的哺乳纲鹿科动物。

既表义又表音，表义与鹿科动物相关。

构字表义可记释为"动物鹿（lù）"。

义例：如"麋（mí）"表示鹿科动物麋鹿。

117

十二画

鼎（dǐng）

甲骨文	金文	小篆	隶书	楷书	简书
𣇷 𣇷	𣇷 𣇷 𣇷	鼎	鼎	鼎	鼎

　　象形字，表示上面有双耳，下面有三足的用于烹煮食物的祭祀用具的形态；引申为王位，显赫，锅等。

　　构字表义可记释为"鼎（dǐng）炊具"。

　　既表义又表音，表义与鼎类炊器相关。

　　义例：如"鼏（mì），金文：𪔀"表示鼎盖。

黑（hēi）

甲骨文	金文	小篆	隶书	楷书	简书
𡙇	𡙇 𡙇	黑	黑	黑	黑

　　象形字，表示人的头面涂有煤、墨等以致无法看清的形态；引申为像墨、煤般的颜色，光线昏暗，夜晚，错误，隐秘的，非法的，狠毒等。小篆后下面加了"火"字。

　　构字表义可记释为"黑（hēi）颜色"。

　　既表义又表音，表义与黑色，光线昏暗等相关。

　　义例：如"黝（yǒu）"表示微青的黑色。

黍（shǔ）

甲骨文	金文	小篆	隶书	楷书	简书
			黍	黍	黍

　　象形字，上面是黍成熟下垂，旁边像水流般表示顺滑，表示一年生草本植物黍子的形态；黍，叶子细长而尖，耐干旱，煮熟后有黏性，五谷之一，又称为黄米。

　　构字表义可记释为"黍（shǔ）黄米"。

　　既表义又表音，表义与谷物，黏性相关。

　　义例：如"黏（nián）"表示像黄米似的能黏住两个物体。

十三画

鼓（gǔ）

甲骨文	金文	小篆	隶书	楷书	简书
			鼓	鼓	鼓

　　会意字，左面是表形构件一个立放的顶部有装饰物的乐器，右面是表形构件手持鼓棒，表示敲鼓，击鼓的意思；引申为敲击，振动，挥动等。

　　构字表义可记释为"鼓（gǔ）乐器"。

　　既表义又表音，表义与鼓，凸起相关。

　　义例：如"鼕（dōng）"表示打鼓时发出的咚咚声。

鼠（shǔ）

甲骨文	金文	小篆	隶书	楷书	简书
		鼠	鼠	鼠	鼠

象形字，表示动物老鼠的形态，上面是头和牙，中间是身子和脚，下面是长尾，小点表示被老鼠咬剩的碎屑。

构字表义可记释为"动物鼠（shǔ）"。

表义与似鼠类动物相关。

义例：如"鼬（yòu）"表示动物黄鼠狼。

十四画

鼻（bí）

甲骨文	金文	小篆	隶书	楷书	简书
		鼻	鼻	鼻	鼻

会意字，上面是表形构件"自"（鼻子），下面是表义构件"畀（bì）"（给予、赐予），表示把东西放到鼻子下面闻的意思；引申为像鼻子的物件，部位等。

构字表义可记释为"鼻（bí）闻器"。

既表义又表音，表义与鼻子相关。

义例：如"劓（yì）"表示把鼻子割掉。

十七画

龠（yuè）

甲骨文	金文	小篆	隶书	楷书	简书
龠 龠	龠 龠	龠	龠	龠	龠

象形字，表示用嘴吹奏排管乐器的形态。

构字表义可记释为"龠（yuè）乐器"。

既表义又表音，表义与吹奏的乐器相关。

义例：如"籥（yuè），金文：龠"表示儿童学习用的连排竹片。

第二部分

补充部件

一　画

乚（yǐn）

甲骨文	金文	小篆	隶书	楷书	简书
		乚			乚

象形字，表示手臂或者某物环绕的形态，分区，隔离的意思。

在汉字笔画中称为"竖折"。

构字表义可记释为"乚（yǐn）环绕"。

表义与直角，垂直，环绕相关。

义例：如"区，甲骨文：⿷"表示许多人异口同声唱歌的意思，这个字的本义被转注字"讴（ōu）"继承。

〈（quǎn）

甲骨文	金文	小篆	隶书	楷书	简书
				〈	〈

象形字，表示小水流的形态；现在只用作偏旁。

在汉字笔画中称为"撇点"。

构字表义可记释为"〈（quǎn）小水"。

表义与小水流相关。

义例：如"巛（chuān），甲骨文：⿰、⿰"表示由小水流聚集而成的大河。

125

二 画

二，贰（èr）

甲骨文	金文	小篆	隶书	楷书	简书
二 二	二 夆 贰	二	二贰	二贰	二

象形字，表示右手食指与中指同时伸直而其他手指曲握的形态，数目二的意思；引申为虚数第二，两样，不同，有区别，不专一等。

"贰"简化为"二"。

构字表义可记释为"数目二（èr）"。

既表义又表音，表义与数目二，重复相关。

义例：如"弍"表示两次投掷弋。

丁（dīng）

甲骨文	金文	小篆	隶书	楷书	简书
□ ● ◇ ○	● ● ▽ ○	↑	丁	丁	丁

象形字，表示铜钉子从钉帽上方看下去的形态，篆文是从侧面看上去的形状，从隶书开始变形将直竖变成竖钩，但本义没有钩的含义，钉子的意思；引申为强壮，能承担赋役的成年人，仆役，从事某种劳动的人，人口，小块等。本义由转注字"钉"继承。

既表义又表音，表义与钉子，钉子状，钉子特征和用途相关。

义例：如"顶，金文：⚡"表示头的最上部。

𠂇，左（zuǒ）

甲骨文	金文	小篆	隶书	楷书	简书

象形字，表示人的左手手指略微张开的形态；引申为违背等。

构字表义可记释为"左（zuǒ）手"。

表义与左手，辅助，违背相关。

义例：如"友，甲骨文：𠂇𠂇"表示左手与右手协作；"佐"表示起辅助作用的人。

七（qī）

甲骨文	金文	小篆	隶书	楷书	简书

象形字，表示拇指向上伸直，食指向前伸直，其他手指曲握，手心对于胸前的形态，数目七的意思。

构字表义可记释为"数目七（qī）"。

既表义又表音，表义与数目七相关。

义例：如"柒"表示数目七。

丂（kǎo）

甲骨文	金文	小篆	隶书	楷书	简书
丁 卜	丁	丂	丂	丂	丂

象形字，表示一种用作支撑的用具的形态，支撑的意思。

构字表义可记释为"丂（kǎo）撑具"。

既表义又表音，表义与支撑，协助相关。

义例：如"考，甲骨文：牄"表示拄着拐杖的老人。

乂（yì）

甲骨文	金文	小篆	隶书	楷书	简书
乂 8		乂	乂	乂	乂

象形字，表示在陷阱上交叉放置的条状物，棚架的形态，阻断的意思；引申为安定等。

构字表义可记释为"乂（yì）阻条"。

既表义又表音，表义与阻断相关。

义例：如"希"表示麻布织得像交错摆放的树枝一样不紧密。

九（jiǔ）

甲骨文	金文	小篆	隶书	楷书	简书
⺄ ㇈	㇈ ㇈	九	九	九	九

　　象形字，表示右手食指伸出弯曲，其他手指曲握的形态，数目九的意思；引申为弯曲，多次，最多等。

　　构字表义可记释为"数目九（jiǔ）"。

　　既表义又表音，表义与弯曲，数之极，数目多相关。

　　义例：如"馗（kuí）"表示四通八达的道路。

刁（diāo）

甲骨文	金文	小篆	隶书	楷书	简书
⻌	⻌	刁	刁	刁	刁

　　象形字，等同于"刀"字，表示古代一种兵器的形态；引申为狡猾，刻薄，引诱等。

　　构字表义可记释为"刁（diāo）刀具"。

　　义例：暂无表义构字。

129

了（liǎo）

甲骨文	金文	小篆	隶书	楷书	简书
		𠃌	了	了	了

　　象形字，表示婴儿的双臂和双脚全部被裹束在布兜之中，只露出头的形态；引申为完毕，结束，决断等。

　　构字表义可记释为"了（liǎo）裹儿"。

　　既表义又表音，表义与幼小，裹束相关。

　　义例：如"孑（jié）"表示只有左臂而无右臂的婴儿。

丩（jiū），与（yǔ），互（hù），勾（gōu）

甲骨文	金文	小篆	隶书	楷书	简书
𢆶 𢆶	𢆶	𢆶 与 𢆶 𢆶	丩 与 互 勾	丩 与 互 勾	丩 与 互 勾

　　象形字，表示两根树杈相互勾连的形态，缠绕的意思。

　　"丩"构字表义可记释为"丩（jiū）连"。

　　"与"构字表义可记释为"与（yǔ）连"。

　　"互"构字表义可记释为"互（hù）连"。

　　"勾"构字表义可记释为"勾（gōu）连"。

　　既表义又表音，表义与勾连，缠绕，纠结相关。

　　义例：如"纠"表示绞合的绳索；"舁，金文：𦥔"表示双手向上托物；"冱（hù）"表示冰连在一起；"钩"表示形状弯曲如树杈的金属用具。

乃（nǎi）

甲骨文	金文	小篆	隶书	楷书	简书
ろヲヲ	ろヲヲ	ろ	乃	乃	乃

象形字，表示女性哺乳器官的侧面形态；引申为因果关系，就是，像等。本义由转注字"奶"继承。

构字表义可记释为"乃（nǎi）女乳"。

既表义又表音，表义与奶，因果关系相关。

义例：如"孕，甲骨文：𢎘"表示腹中怀有胎儿的女子。

三　画

三（sān）

甲骨文	金文	小篆	隶书	楷书	简书
三三	三三	三	三	三	三

象形字，表示食指、中指和无名指并列伸出，小指、拇指曲握的形态，数字三的意思；引申为多数等。

构字表义可记释为"数目三（sān）"。

既表义又表音，表义与数目三相关。

义例：如"仨（sā）"表示三个人。

于（yú）

甲骨文	金文	小篆	隶书	楷书	简书
亐	亐 于	亐	于	于	于

指事字，左面是表形构件吹奏乐器，右面是标示构件弯曲的线条，乐声飘扬而出，表示气流受到阻碍但仍能通过，乐声婉转悠扬的意思；引申为往，去，像，为，悠然自得等。本义由转注字"竽"继承。

构字表义可记释为"于（yú）乐器"。

既表义又表音，表义与吹奏乐器，乐声，婉转，往，去相关。

义例：如"迂"表示行走如乐声般迂回曲折。

廿，廿（niàn）

甲骨文	金文			小篆	隶书	楷书	简书
∪ ∪	∪ ∪ 廿			廿	廿	廿	廿

象形字，表示将两个十并联的形态，二十的意思；

"廿"构字表义可记释为"廿（niàn）少横二十"。

"廿"构字表义可记释为"廿（niàn）多横二十"。

表义与二十相关。

义例：如"卌（xì）"表示四十。

才（cái）

甲骨文	金文	小篆	隶书	楷书	简书
		才	才	才	才

象形字，在"▽"中加一个长竖，表示放在女性坤户上的卫生带的形态，有用的东西的意思；引申为人的资质，能力等。

构字表义可记释为"才（cái）有用"。

既表义又表音，表义与有用，能力相关。

义例：如"材"表示有用的木料。

下（xià）

甲骨文	金文	小篆	隶书	楷书	简书
		下	下	下	下

象形字，抽象字根，表示某一小物体放在某一大物体下方的状态，位置处于低处的，底部的意思；引申为次序靠后，处于某一范围，降落，去等。

构字表义可记释为"位置下（xià）"。

既表义又表音，表义与位置处于下面，低处相关。

义例：如"丽（zhèn）"表示从低处往上而登门。

丌（jī）

甲骨文	金文			小篆	隶书	楷书	简书
	丌	丌	丌	丌	丌	丌	丌

象形字，表示用于垫器物的底座的形态。

构字表义可记释为"丌（jī）底座"。

既表义又表音，表义与盛物器的底座相关。

义例：如"畁（bì）"表示双手捧起有底座的盛物器，将所盛物品赐予。

丈（zhàng）

甲骨文	金文	小篆	隶书	楷书	简书
		丈	丈	丈	丈

会意字，上面是表形构件"十"，下面是表形构件"又"，表示手持一根木棒的意思。引申为一丈（商代 10 尺为 1 丈，1 丈约为 3.33 米），成年人，男性长辈等。

古代人们用木棍来测量长度，"丈"就是用来表达这个含义的。

构字表义可记释为"丈（zhàng）木棒"。

既表义又表音，表义与拿持，丈量相关。

义例：如"仗"表示人所拿持的刀戟兵器或器仗的总称。

上（shàng）

甲骨文	金文	小篆	隶书	楷书	简书
二 二	二 上	上	上	上	上

象形字，抽象字根，表示某一小物体放在某一大物体上方的状态，位置关系处于高处，上面的意思；引申为天，君主，尊长，次序靠前，前往等。

构字表义可记释为"位置上（shàng）"。

既表义又表音，表义与上面，高处，高的状态相关。

义例：如"元，甲骨文：$\bar{\uparrow}$"表示位于人身体最上面的脑袋。

千（qiān）

甲骨文	金文	小篆	隶书	楷书	简书
千	千	千	千	千	千

指事字，在表形构件"人"字下面的腿上加标示构件横，表示人腿上的汗毛有千数之多的意思；引申为极多等。

构字表义可记释为"数目千（qiān）"。

既表义又表音，表义与数目多相关。

义例：如"金文：$\Uparrow$"表示数目三千。

乇（zhé）

甲骨文	金文	小篆	隶书	楷书	简书
十 丄	𠃜	乇	乇	乇	乇

指事字，在表形构件一个条状物的中间加标示构件横，表示将条状物切分为两半的意思。

构字表义可记释为"乇（zhé）切半"。

既表义又表音，表义与切开相关。

义例：如"宅，甲骨文：𠋫"表示人们在远行途中临时休息住宿的房屋；"切，小篆：𠨢、𠨢"表示用刀将物体截断。

个，個（gè）

甲骨文	金文	小篆	隶书	楷书	简书
		箇	個	個	个

象形字，表示一棵竹子的形态；引申为条状物等。篆书在"竹"字下加了个"固"字表音，隶书和楷书左边的"亻"是错误的释义。

构字表义可记释为"个（gè）单竹"。

"個"简化为"个"，为简化正形，字面上回到了原本单棵竹子的样子。

表义与条状物，一枚相关。

义例：如"徛（qí）"表示各不相同，参差不齐。

久（jiǔ）

甲骨文	金文	小篆	隶书	楷书	简书
		弋	久	久	久

　　象形字，表示用烧红后的烙铁在人、牲畜和器物上留下烙印的形态；引申为时间长，等待，滞留，支撑，堵塞等。本义由转注字"灸"继承。

　　构字表义可记释为"久（jiǔ）烙印"。

　　既表义又表音，表义与烙印，长久相关。

　　义例：如"疚（jiù）"表示长时间患病。

勺（sháo）

甲骨文	金文	小篆	隶书	楷书	简书
	𧶠 𠃊	𠃌	勺	勺	勺

　　象形字，表示用来舀东西的长柄、半球形中空用具的形态；引申为勺状物，容量单位。

　　构字表义可记释为"长柄勺（sháo）"。

　　既表义又表音，表义与用勺子舀起相关。

　　义例：如"杓（biāo）"表示勺子的木质柄。

凡（fán）

甲骨文	金文	小篆	隶书	楷书	简书
片 片	日 日 片	凡	凡	凡	凡

象形字，表示排泄部位的形态，排出的气，屁的意思；引申为要旨，全部数量，所有对象，普通等。

构字表义可记释为"凡（fán）肛门"。

既表义又表音，表义与屁，平常相关。

义例：如"同，甲骨文：片"表示女性排泄部位与生殖部位的形状；"用，甲骨文：片"表示用树叶擦屁股。

丸（wán）

甲骨文	金文	小篆	隶书	楷书	简书
	丸	丸	丸	丸	丸

指事字，表形构件的两个人伸出手掌，手掌上面是标示构件的圆点，表示用手抟揉东西的形态；引申为圆球状物体等。

构字表义可记释为"丸（wán）揉圆"。

既表义又表音，表义与抟揉，圆球状相关。

义例：如"𱔀（ér）"表示用手搓物使之转动。

及（jí）

甲骨文	金文	小篆	隶书	楷书	简书
			及	及	及

会意字，上面是表形构件"人"，下面是表形构件"又"，表示后面的人用手抓住前面的人的腿的意思；引申为达到，推广，比得上，兼顾，接续等。

构字表义可记释为"及（jí）抓到"。

既表义又表音，表义与抓住，追上，达到，关联相关。

义例：如"吸"表示口鼻将气体纳入肺脏。

亡（wáng）

甲骨文	金文	小篆	隶书	楷书	简书
				亡	亡

指事字，在表形构件"刀"上加标示构件竖条，表示刀头折断的意思；引申为失去，外出，逃跑，死，过去的，忘记等。

构字表义可记释为"亡（wáng）刀断"。

既表义又表音，表义与折断，失去，没有相关。

义例：如"盲"表示眼睛失明看不见。

丫（yā）

甲骨文	金文	小篆	隶书	楷书	简书
			丫	丫	丫

象形字，表示草木分叉的形态，物体上端分叉的意思；引申为女孩头上梳的双髻（jì）。

构字表义可记释为"丫（yā）分叉"。

义例：暂时为独字使用。

义，義（yì）

甲骨文	金文	小篆	隶书	楷书	简书
羊 羊 羊	羊 義	義	義	義	义

会意字，上面是表形构件"羊"，下面是表形构件"我"（一种长柄兵器），表示领头羊捍卫权力的搏斗，展现出威仪的意思；引申为正当，道理，公正的事等。

"義"简化为"义"，为简化失义，字面上失去了兵器所带来的威仪的含义。

构字表义可记释为"義（yì）威仪"。

既表义又表音，表义与威仪，适宜，正当，好，利益相关。

义例：如"仪"表示人威仪的外表。

之（zhī）

甲骨文	金文	小篆	隶书	楷书	简书
			之	之	之

会意字，上面是表形构件"止"，下面是表义构件横，表示站在某地并由此地离开出发，从此处离开前往的意思；引申为至，为，作，是，用，有等。

构字表义可记释为"之（zhī）出发"。

既表义又表音，表义与出发，到，前往相关。

义例：如"坒（huáng），小篆：坒"表示草木破土而出向上生长。

卂（xùn）

甲骨文	金文	小篆	隶书	楷书	简书
			卂	卂	卂

象形字，"飛"字去掉双翅，表示鸟在空中收起双翅如直线般快速冲刺的形态；引申为急速等。

构字表义可记释为"卂（xùn）快速"。

既表义又表音，表义与迅速相关。

义例：如"迅"表示快速行走。

卫，衛（wèi）

甲骨文	金文	小篆	隶书	楷书	简书
			衛	衞	卫

　　会意字，外面是表形构件"止"，里面是表形构件"口"（这里指城邑），两只或四只脚围着一个城邑，表示环绕着城池作包围或防卫；引申为围绕，担任护卫的人，边陲等。

　　"衞"简化为"卫"，为简化失义，字面上失去了围绕着某个城邑的含义。

　　构字表义可记释为"防衞（wèi）"。

　　义例：暂无表义构字。

也（yí，yě）

甲骨文	金文	小篆	隶书	楷书	简书
	と	也	也	也	也

　　yí，象形字，表示女性坤户的形态。

　　yě，表示语气助词。

　　构字表义可记释为"也（yí）女坤户"。

　　既表义又表音，表义与繁衍相关。

　　义例：如"地"表示孕育之土。

昜，易（yáng）

甲骨文	金文	小篆	隶书	楷书	简书
早	旱 昜	昜	昜	昜	昜 易

会意字，上面是表形构件"日"，下面是表形构件射出的阳光，太阳光芒四射，表示日出的意思；引申为飞扬等。

"昜"简化为"旸"，为简化失义，字面上失去了太阳照射的含义。

构字表义可记释为"昜（yáng）日出"。

既表义又表音，表义与日出，飞扬相关。

义例：如"飏（yáng）"表示风飞扬。

刃（rèn）

甲骨文	金文	小篆	隶书	楷书	简书
刀		刃	刃	刃	刃

指事字，在表形构件"刀"边加标示构件点，表示锋利的刀口部位，刀锋的意思；引申为有锋刃的兵器，刀，磨等。

构字表义可记释为"刃（rèn）刀口"。

既表义又表音，表义与锋利刀剑相关。

义例：如"剑（jiàn）"表示两面有刃的兵器。

习，習（xí）

甲骨文	金文	小篆	隶书	楷书	简书
羽羽羽羽		習	習	習	习

会意字，上面是表形构件"羽"，下面是标示构件"⊙"（目的地），表示扇动翅膀去目的地，学习飞翔的意思，小篆后异变为"白"字，引申为反复地学，重叠，训练，调节，作为，熟悉，习惯，亲近，经常等。

有一种解释认为下面标示构件"⊙"代表太阳，表示鸟儿在晴空下学习飞行，这是一种误解。如果这种解释为真，造字时"⊙"应该放在"羽"的上面。鸟儿学习飞行是成长必需的一课，它的第一次飞行必须是离开鸟巢，自高而下地向地面俯冲。

构字表义可记释为"习（xí）学飞"。

"習"简化为"习"，为简化失义，字面上失去了前往目的地的含义。

义例：暂无表义构字。

叉（chā）

甲骨文	金文	小篆	隶书	楷书	简书
丮	丮 丮	丮	叉	叉	叉

指事字，在表形构件"又"的指间加标示构件一个点或两个点，表示手指张开，可以夹物，相互交错的意思；引申为交错，叉子，叉形符号，刺，插等。

构字表义可记释为"叉（chā）交错"。

既表义又表音，表义与交错，手指张开状相关。

义例：如"杈"表示树的分枝。

乡，鄉（xiāng）

甲骨文	金文	小篆	隶书	楷书	简书
鄉 鄉	鄉 鄉	鄉	鄉	鄉	乡

会意字，左右两面是表形构件"卩"，中间是表形构件"皀（jí），甲骨文：皀"（食具），表示两个相对跪坐之人一起在盛满白米饭的食器旁吃饭，两人相对而食的意思；引申为享用，基层单位，地区，同类等。

构字表义可记释为"乡（xiāng）共食"。

"鄉"简化为"乡"，为简化失义，字面上失去了对坐吃饭的含义。

既表义又表音，表义与共同饮食相关。

义例：如"饗（xiǎng）"表示人们相聚宴饮。

四　画

丰，豐（fēng）

甲骨文	金文	小篆	隶书	楷书	简书
		丰 豐	豐	豐	丰

丰，象形字，表示在土堆之上生长着一棵树苗或蔓菁的形态；引申为农作物收成好，满盈，充足，美好的容貌和姿态，草木茂盛等。

构字表义可记释为"丰（fēng）苗茂"。

既表义又表音，表义与茂盛，多，大相关。

义例：如"胖（pàng）"表示肌肉大而肿胀。

豐，会意字，上面是表形构件双"玉"，下面是表形构件"壴（zhù）"（鼓），欢庆时击打鼓，鼓声像玉串一样繁多的意思；引申为多，满，富足，富饶，肉厚，丰盛，高大，兴盛，丰茂，增大等。

"豐"简化为"丰"，为简化错字，"豐"与"丰"是两个完全不同本义的字。

构字表义可记释为"豐（fēng）击鼓"。

义例：暂无表义构字。

开，開（kāi）

甲骨文	金文	小篆	隶书	楷书	简书
		開	開	開	开

　　会意字，外面是表形构件"门"，中间是标示构件"一"（门闩），"一"下面是表形构件"廾"（双手捧物），表示双手上抬将门闩抬起，开门的意思；引申为舒展，分离，打通，释放，操纵，出发，起始，建立，明白等。

　　"開"简化为"开"，为简化失义，字面上失去了门。

　　构字表义可记释为"开（kāi）门"。

　　义例：暂无表义构字。

井（jǐng）

甲骨文	金文	小篆	隶书	楷书	简书
丼	井　丼	井	井	井	井

　　象形字，表示在从地面向下凿成的能取水的深洞上，用木条搭建出的方形口的水井的形态，中间一点表示水；引申为水井状，人口集聚处，整齐等。

　　构字表义可记释为"水井（jǐng）"。

　　既表义又表音，表义与水井，居住地，整齐相关。

　　义例：如"耕"表示用农具耒将田犁成井状。

天（tiān）

甲骨文	金文	小篆	隶书	楷书	简书
吳 呆 杀 禾	禾 天 禾	页	天	天	天

　　会意字，下面是表形构件"大"，上面是标示构件横，表示头顶，天空的意思；引申为高空，上面，自然界等。

　　构字表义可记释为"头顶天（tiān）"。

　　义例：暂无表义构字。

夫（fū）

甲骨文	金文	小篆	隶书	楷书	简书
夫 夫	夫 夫	市	夫	夫	夫

　　指事字，在表形构件"人"上面加标示构件横，表示男子戴冠的形态，成年男子的意思；引申为女子的配偶，从事体力劳动的人，武士等。根据周制，古代男子在20岁时行冠礼，将头发束盘后戴冠以示成年，称为"弱冠"。

　　构字表义可记释为"夫（fū）成年男子"。

　　既表义又表音，表义与成年男子相关。

　　义例：如"扶（bàn）"表示两个成年男子相伴而行。

云，雲（yún）

甲骨文	金文	小篆	隶书	楷书	简书
		云雲	雲	雲	云

象形字，表示悬浮在空中的、由大量微小的水滴、冰晶聚集而成的聚合体的形态，云雾的意思；引申为云状物、高、元、湿气等。

"雲"简化为"云"，为简化正形，回到了云本来的样子。

构字表义可记释为"云（yún）水汽"。

既表义又表音，表义与云状，云雨相关。

义例：如"侌（yīn）"表示云遮住了太阳。

专，專（zhuān）

甲骨文	金文	小篆	隶书	楷书	简书
		專	專	專	专

会意字，上面是表形构件古代纺轮，下面是表形构件"又"，表示用手转动纺轮拧线的意思；引申为转动，集中，精通某项技能，单独，独享，掌握，狭小，诚恳恭敬，满，专业等。

"專"简化为"专"，为简化失义，字面上失去了转动纺轮的含义。

构字表义可记释为"专（zhuān）纺线"。

既表义又表音，表义与纺轮，转动相关。

义例：如"转"表示车辆回环运动。

丐（gài）

甲骨文	金文	小篆	隶书	楷书	简书
ψj	ϟj	𠱵	丐	丐	丐

会意字，左面是标示构件"亡"，右面是表形构件"人"，表示失去生活能力的人乞讨的意思；引申为给予，免除等。

构字表义可记释为"丐（gài）乞人"。

义例：暂无表义构字。

卅（sà）

甲骨文	金文	小篆	隶书	楷书	简书
ψ山	ψ 世	卅	卅	卅	卅

会意字，表形构件三竖线代表三个"十"，用一条线将三个"十"连起来，表示三十的意思。

构字表义可记释为"卅（sà）三十"。

表义与数目三十相关。

义例：如"世，金文：世"表示三十年。

五（wǔ）

甲骨文	金文	小篆	隶书	楷书	简书
𝍦 Ⅺ	Ⅺ	Ⅺ	五	五	五

象形字，表示将右手掌向上向外张开的形态，数目五的意思。但是商人为什么要把五条横线改成上下两条横线，中间一个叉的形态，一种解释是上面一横代表天，下面一横代表地，中间代表天地相交而生万物；另一种解释是手掌向上向外时，上面一横表示上边界，下面一横表示手腕处的下边界，上边的倒三角表示五根手指，下边的正三角表示手心。本书的解释是将手掌平置，上面一横代表拇指，下面一横代表小指，中间的叉代表食指、中指和无名指三根手指，这样简化了五根横线的表达，便于识别并减少混淆。

构字表义可记释为"数目五（wǔ）"。

既表义又表音，表义与数字五，五指俱全的手掌相关。

义例：如"伍"表示古代以五个人为最小编制的军事单位；"吾，甲骨文：𠮷"表示用手掌捂住口而发出的声音，借此表达自我之意。

市（shì）

甲骨文	金文	小篆	隶书	楷书	简书
			市	市	市

会意字，上面是表形构件"之"（出发），下面是表形构件"冂（jiōng）"（开口的场所），表示前往一个划定好的集中交易场所的意思；引申为做交易，买，卖，收买，求取，价格，人口密集的城镇，行政区划的单位等。

构字表义可记释为"市（shì）场所"。

既表义又表音，表义与集市，交易场所相关。

义例：如"闹"表示交易场所十分嘈杂。

不（bù）

甲骨文	金文	小篆	隶书	楷书	简书
			不	不	不

会意字，上"▽"表示女性坤户，下面表示流血，表示女性排出经血的时候不能结合的意思；引申为没有、否定等。

构字表义可记释为"不（bù）禁行"。

既表义又表音，表义与否定相关。

义例：如"否，金文："表示以言语表达不同意。

太，夳（tài）

甲骨文	金文	小篆	隶书	楷书	简书
		夳	夳	夳	太

会意字，"大"字下面加"上"，后两横简化为一点，表示大上加大的意思；引申为高，最远的，超出正常程度，极端等。

构字表义可记释为"太（tài）很大"。

义例：暂无表义构字。

巨（jù）

甲骨文	金文	小篆	隶书	楷书	简书
𢀜	𢀜 𢀜	巨	巨	巨	巨

象形字，表示古人用大尺子转着圈来丈量的形态，金文在右边加了一个人形，成年人手持大尺子丈量的意思。

构字表义可记释为"巨（jù）丈量"。

既表义又表音，表义与测量，大相关。

义例：如"矩，金文：𢀜"表示用于测量的曲尺。

屯（zhūn，tún）

甲骨文	金文	小篆	隶书	楷书	简书
钅屮屯 屮	亐 主 屯 屯	屯	屯	屯	屯

zhūn，指事字，表示植物种子发芽破土而出的形态，上面是表形构件顶芽，中间是表形构件梓壳，下面是表形构件根须，最下面横是标示构件地面，表示种子奋力往下生根的意思；引申为艰难，吝惜，充盈，厚等。

tún，引申为聚集，积蓄，驻守，兵营，开荒耕种，村庄，土山，河港靠船处，阻塞等。

构字表义可记释为"屯（zhūn）艰难"。

既表义又表音，表义与艰难，聚集，萌发相关。

义例：如"囤（dùn）"表示用竹篾、荆条等编织成或用席箔等围成的存放粮食等农作物的器物。

少（shǎo，shào）

甲骨文	金文	小篆	隶书	楷书	简书
⠇⠇	小 小	尐	少	少	少

shǎo，指事字，表形构件"小"字中间加标示构件"丿"，表示从小数量中又分出一部分，小中更小的意思；引申为数目小，时间短，短欠，丢失，贬低等。

shào，引申为年轻，小，排序靠后等。

构字表义可记释为"少（shǎo）更小"。

既表义又表音，表义与细小，不多相关。

义例：如"眇"表示一只眼睛小。

中（zhōng，zhòng）

甲骨文	金文	小篆	隶书	楷书	简书
𣃚𣃚中中	𣃚中中	中	中	中	中

zhōng，象形字，长竖是一根长木棒，从一个方形物体中间穿过，上面和下面是随风飘扬的旗帜，表示标志氏族居住地中央的徽旗；引申为空间的中心位置，内部，两端之间，中等，中间人，持续状态，不偏不倚，合适，内心，内脏，一半等。

zhòng，象形字，引申为恰当，正好符合，遭受，陷害，间隔，满等。

构字表义可记释为"中（zhōng）旗地"。

既表义又表音，表义与中间部位相关。

义例：如"衷（zhōng）"表示位置处于中间层的贴身内衣。

内（róu）

甲骨文	金文	小篆	隶书	楷书	简书
		内	内	内	内

会意字，外面是表义构件"冂"，里面是表形构件"厶"（绳套），在一个范围内放一个绳套，表示套住动物的意思；引申为蹂躏等。

构字表义可记释为"内（róu）绳捕"。

表义与捕猎动物相关。

义例：如"离，金文：🦅"表示用长柄网将鸟网住。

午（wǔ）

甲骨文	金文	小篆	隶书	楷书	简书
𠂤𠂤𠂤	𠂤𠂤𠂤𠂤	午	午	午	午

象形字，表示婴儿出生后经过一段时间脱落下来的脐带的形态；引申为中间顺序，纵横相交，时间的中午时段等。

构字表义可记释为"午（wǔ）脐带"。

表义与脐带，纵横相交，中间顺序相关。

义例：如"杵（chǔ）"表示像脐带一样的木棒。

壬（rén）

甲骨文	金文	小篆	隶书	楷书	简书
 工 工 工	 工 工 王	王	壬	壬	壬

象形字，表示古代骨针的形态；引申为贯穿通过，有关纺织的，承受，盛大，奸邪，天干第九位等。本义由转注字"纴（rèn）"继承。

构字表义可记释为"壬（rén）骨针"。

既表义又表音，表义与针织，贯通相关。

义例：如"饪"表示将食物里外煮熟。

壬（tǐng）

甲骨文	金文	小篆	隶书	楷书	简书
 �glyph⟩		⟨glyph⟩			壬

会意字，上面是表形构件"人"，下面是表形构件"土"，表示人直挺地站在土台上的意思；引申为挺立等。

构字表义可记释为"壬（tǐng）人立"。

既表义又表音，表义与挺立相关。

义例：如"望，甲骨文：⟨glyph⟩"表示站在土台上往远处、高处看。

升（shēng）

甲骨文	金文	小篆	隶书	楷书	简书
𝌆	𝌆	𝌆	升	升	升

象形字，表示手持舀酒的器具（斗）往上举起时部分液体滴下的形态，进献的意思；引申为成熟，登上，器具等。

构字表义可记释为"升（shēng）举献"。

既表义又表音，表义与由低向高移动相关。

义例：如"昇（shēng）"表示太阳往天空高处移动。

夭（yāo）

甲骨文	金文	小篆	隶书	楷书	简书
夭 夭	夭	夭	夭	夭	夭

象形字，表示人快速行走时上臂前后摆动的形态，摇摆，晃动的意思；引申为姿态轻盈娇媚，草木幼嫩艳丽，茂盛，弯曲，受屈，晦暗，早亡，灾祸，怪异，壅塞等。

构字表义可记释为"夭（yāo）臂摇"。

既表义又表音，表义与摇摆，屈曲相关。

义例：如"奔，甲骨文：𢍚"表示摆动双手疾走、快跑。

仑，侖（lún）

甲骨文	金文	小篆	隶书	楷书	简书
龠	龠	龠	侖	侖	仑

　　会意字，上面是表形构件的"∧"（男性生殖器），下面是表形构件"册"（栅栏），表示禁止，阻隔的意思；引申为伦理，次序等。

　　"侖"简化为"仑"，为简化失义，字面上失去了栅栏。

　　构字表义可记释为"仑（lún）禁止"。

　　既表义又表音，表义与禁止，阻隔相关。

　　义例：如"伦"表示人需要遵守的社会秩序、道德关系。

今（jīn）

甲骨文		金文		小篆		隶书	楷书	简书
∧	∧	∧	∧	∧	∧	今	今	今

　　指事字，在"∧"（男性生殖器）下面加标示构件横，表示男性元精流出的意思；引申为此时此刻，现在，现代，此，即将，立刻等。

　　构字表义可记释为"今（jīn）此刻"。

　　既表义又表音，表义与男性元精流出，此时此刻相关。

　　义例：如"念，金文：😀"表示此时此刻心里所想。

勿（wù）

甲骨文	金文	小篆	隶书	楷书	简书
匇匇匇匇	匇匇	勿	勿	勿	勿

象形字，表示一把带有血滴的刀的形态；引申为不要，不可以，没有等。

当刀划过身体，皮肤表面裂开后，血液就会从身体里流淌出来，这种行为是危险的，所以造"勿"字表达不可以之意。

构字表义可记释为"勿（wù）禁止"。

既表义又表音，表义与不要，禁止相关。

义例：如"物，甲骨文：𤣩"表示不杀的牛。

丹（dān）

甲骨文	金文	小篆	隶书	楷书	简书
丹 丹	丹	丹	丹	丹	丹

指事字，表形构件"井"中加标示构件点，表示开采矿井中的铜矿石和采矿之井的意思；引申为红色的，赤诚的，朱砂等。

构字表义可记释为"丹（dān）红铜"。

既表义又表音，表义与铜矿，红色相关。

义例：如"彤（tóng），金文：丹彡"表示用红色涂饰器物。

乌，烏（wū）

甲骨文	金文	小篆	隶书	楷书	简书
			烏	烏	乌

象形字，表示一种名叫乌鸦的鸟类的形态，全身黑色因而看不见眼睛；引申为黑等。

"烏"简化为"乌"，为简化失形，字面上失去了乌鸦的翅膀。

构字表义可记释为"乌（wū）鸦鸟"。

既表义又表音，表义与乌鸦，黑色相关。

义例：如"舄（què），金文：　"表示一种带有黑色羽毛的喜鹊。

六（liù）

甲骨文	金文	小篆	隶书	楷书	简书
			六	六	六

象形字，表示拇指和小指伸直，其他手指曲握，手臂向下的形态，数目六的意思。

构字表义可记释为"数目六（liù）"。

义例：暂无表义构字。

为，為，爲（wéi）

甲骨文	金文	小篆	隶书	楷书	简书
			爲	为爲	为

会意字，上面是表形构件"又"，下面是表形构件"象"，一只手和一只长鼻子大象。第一种解释为手与大象鼻子一样灵活，仿效的意思；第二种解释为用手牵拉大象的鼻子；引申为做，干，制作等。

根据目前的考古学证据，商人使用驯服的大象劳作，但是还没有发现用手牵象鼻的证据，而且大象的鼻子是非常敏感的部位，触碰大象的鼻子会使大象产生强烈的应激反应，所以本书取第一种解释。

"爲"简化为"为"，为简化失形。

构字表义可记释为"为（wéi）做事"。

既表义又表音，表义与做事，干活相关。

义例：如"伪"表示人为做某事。

尣（yín）

甲骨文	金文	小篆	隶书	楷书	简书
屮		屮	尣	尣	尣

会意字，中间是表形构件"人"，在"人"的脖子上添加一个标示构件代表戴着枷锁，表示发配荒远之地，远行的意思；引申为行进，沉重，长久等。

构字表义可记释为"尣（yín）枷行"。

既表义又表音，表义与夹脖子，重，久相关。

义例：如"沈（chén），金文：㳄"表示在人的脖子上系上重物丢入水中的祭祀仪式。

尹（yǐn）

甲骨文	金文	小篆	隶书	楷书	简书
屰屰	屰屰屰屰	尹	尹	尹	尹

会意字，左面是表形构件刻刀，右面是表形构件"又"，表示在甲骨上刻写卜辞的意思；引申为治理，记事书写的官员等。

构字表义可记释为"尹（yǐn）治理"。

既表义又表音，表义与治理相关。

义例：如"君，甲骨文：㕈"表示掌管治理、发号施令的人。

尺（chǐ）

甲骨文	金文	小篆	隶书	楷书	简书
	𐤇	𡰩	尺	尺	尺

指事字，在表形构件弯曲的手掌处加横，表示从手腕到手肘之间的长度，一尺，尺子的意思；引申为绘图画线工具，尺状物，标准，短小等。商代一尺约合 16.95 厘米。

构字表义可记释为"尺（chǐ）长度"。

既表义又表音，表义与长度，尺状条形物相关。

义例：如"咫（zhǐ）"表示周代的八寸长度单位，约等于 20.7 厘米。

夬（jué）

甲骨文	金文	小篆	隶书	楷书	简书
𐎟 𐏓		夬	夬	夬	夬

会意字，上面是表形构件"彗（jué）"（弓弩的发射器），下面是表形构件"又"，表示用手扣动带有钩弦器的弓弩射箭；引申为损伤，必定，迅速，空缺等。

构字表义可记释为"夬（jué）缺口"。

既表义又表音，表义与缺口，决断，迅速相关。

义例：如"玦（jué）"表示有缺口的环形玉器。

丑，醜（chǒu）

甲骨文	金文	小篆	隶书	楷书	简书
𠃗 𠃗 𤬓	𠃗 𠃗 𤭩	丑 醜	丑 醜	丑 醜	丑

丑，象形字，表示婴儿出生时手指弯曲握拳的形态；引申为地支的第二位。

构字表义可记释为"丑（chǒu）指曲握"。

既表义又表音，表义与手指揪、抓相关。

义例：如"羞，甲骨文：𦎫"表示用手握着羊进献。

醜，会意字，左面是表形构件"酉"（酒坛），右面是表义构件"鬼"（人死后的称呼），表示人酒后举止无状、丑态毕露的意思；引申为污秽，侮辱，羞耻。"醜"简化为"丑"，为简化失义，字面上失去了人酒后的样子。

义例：此义暂无表义构字。

巴（bā）

甲骨文	金文	小篆	隶书	楷书	简书
𢀳 𢀳		巴	巴	巴	巴

象形字，表示跪坐之人的手被粘住的形态；引申为紧贴，粘贴，依附，盼望，博取，伸，挖，黏附着的东西等。

构字表义可记释为"巴（bā）黏手"。

既表义又表音，表义与黏附相关。

义例：如"粑"表示有黏性的食物。

办，辦（bàn）

甲骨文	金文	小篆	隶书	楷书	简书
		辦	辦	辦	办

会意字，两边是表形构件"辛"（凿子），中间是标示构件"力"，表示用力使用工具做事；办事的意思。

"辦"简化为"办"，为简化失义，字面上失去了工具和用力的含义。

构字表义可记释为"办（bàn）做事"。

义例：暂无表义构字。

予（yǔ）

甲骨文	金文	小篆	隶书	楷书	简书
▽	予	予	予	予	予

会意字，上面是标示构件女性坤户，下面是标示构件男性生殖器，男性的元精进入女性坤户里，表示给予的意思；引申为给，授予，赞许，售卖等。

构字表义可记释为"给予（yǔ）"。

既表义又表音，表义与给予，来回移动相关。

义例：如"杼（zhù）"表示织布时来回移动的梭子。

书，書（shū）

甲骨文	金文	小篆	隶书	楷书	简书
𦘠	𦘠 𦘠	書	書	書	书

会意字，右上是表形构件"又"，左上是表形构件笔，下面是表形构件"口"（此处表示范围），表示用手在一定范围内书写记录的意思；引申为文字，字体，著作等。

"書"简化为"书"，为简化失义，字面上失去了手和笔。

构字表义可记释为"书（shū）写"。

义例：暂无表义构字。

五　画

未（wèi）

甲骨文	金文	小篆	隶书	楷书	简书
朱 朱 朱	朱 朱	朱	未	未	未

象形字，表示双手挥动、双脚蹬动的形态，对成长的期盼的意思；引申为不曾，不久，否，地支的第八位等。

婴儿降生，会自然而然地双脚蹬踏、双手挥舞，这种动作是婴儿独有的，而婴儿又代表着家族的未来，所以造"未"字来表达将来。

构字表义可记释为"未（wèi）将来"。

既表义又表音，表义与将来，昏暗不明相关。

义例：如"昧（mèi），金文：𣊟"表示太阳不明朗的昏暗状态。

末（mò）

甲骨文	金文	小篆	隶书	楷书	简书
	朩	术	末	末	末

指事字，在表形构件"木"字上面加标示构件横，表示树木的末端，树梢的意思；引申为物体的尖端，尽头，肢体，时间在后的，偏远，衰败，晚年，次要的，微小的，碎屑，卑微，遗留，减轻，涂抹，追逐，没有等。

构字表义可记释为"末（mò）枝端"。

既表义又表音，表义与末梢，末端，细微相关。

义例：如"沫"表示浮在液体表面的小气泡。

击，擊（jī）

甲骨文	金文	小篆	隶书	楷书	简书
		擊	擊	擊	击

会意字，左上是表义构件"軎（wèi）"（车轴头），右上是表义构件"殳"（敲打），下面是表形构件"手"，表示左手持"軎"，右手持工具制作"軎"，敲打，碰撞之意；引申为接触，攻打，搏斗等。

"擊"简化为"击"，为简化失义，字面上失去了手、工具和軎。

构字表义可记释为"击（jī）打"。

义例：暂无表义构字。

戋，戔（cán，jiān）

甲骨文	金文	小篆	隶书	楷书	简书
榫榫榫		𢦍	戔	戔	戋

cán，会意字，上下两个表形构件"戈"（兵器），表示两个兵刃相接，搏杀格斗的意思；引申为残杀，杀害，铲除等。

jiān，引申为残余，细小，少，堆积，众多繁茂的样子等。

"戔"简化为"戋"。

构字表义可记释为"戔（cán）搏杀"。

既表义又表音，表义与残杀，细小相关。

义例：如"贱，金文： "表示被击碎了的贝币。

正（zhèng，zhēng）

甲骨文	金文	小篆	隶书	楷书	简书
		𤴓	正	正	正

zhèng，会意字，上面是表形构件"囗"（城邑），下面是表形构件"止"，表示正对着城邑行进的意思；引申为对着，符合，端直，处于中间，正面，主体，规范的，正直，纯真，完善，认真，改掉错误，惩治，阻止，准则，恰好，正在，仅等。

zhēng，引申为远征，征收等。

构字表义可记释为"正（zhèng）直行"。

既表义又表音，表义与对着，端正相关。

义例：如"征，甲骨文： "表示有目标地远行。

去（qù）

甲骨文	金文	小篆	隶书	楷书	简书
			去	去	去

会意字，上面是表形构件"大"，下面是表形构件"口"（坑洞），表示人跨越危险的坑洞离开的意思；引申为损失，出掉，丢弃，距离，过去，前往，发出，趋向，方式，失掉，程度深等。

构字表义可记释为"去（qù）离开"。

既表义又表音，表义与离开相关。

义例：如"埮（líng）"表示去向更远的地方。

世（shì）

甲骨文	金文	小篆	隶书	楷书	简书
		世	世	世	世

象形字，表示树枝上三片树叶的形态，树叶春生秋落，比拟为人世的意思；引申为一辈子，三十年，代代相传，时代等。

构字表义可记释为"世（shì）三连叶"。

既表义又表音，表义与树叶，岁月，延续相关。

义例：如"葉（yè），甲骨文："表示树木上的叶子；"贳（shì）"表示将钱相继借贷出去。

本（běn）

甲骨文	金文	小篆	隶书	楷书	简书
米	米	米	本	本	本

　　指事字，在表形构件"木"下面加标示构件点或横，表示树木的根部的意思；引申为根源，原本，自己的，固有的等。

　　构字表义可记释为"本（běn）树根"。

　　义例：暂无表义构字。

术，術（shú，shù）

甲骨文	金文	小篆	隶书	楷书	简书
朮		朮 術	术 術	术 術	术

　　术（shú），象形字，表示用手摘下有黏性的谷物的形态。本义由转注字"秫（shú）"继承。

　　构字表义可记释为"术（shú）黏谷"。

　　既表义又表音，表义与有黏性的谷物、植物相关。

　　义例：暂无表义构字。

　　術（shù），"術"是形声字，简化为"术"，为简化错字。"術"指城市中的街道，道路；引申为途径，办法，技艺等。

丙（bǐng）

甲骨文	金文			小篆	隶书	楷书	简书
向 又	冈	又	冈	丙	丙	丙	丙

象形字，表示古代钻木取火用的有孔木板的形态；引申为火，光明，天干第三位，鱼尾，结尾等。

构字表义可记释为"丙（bǐng）火"。

既表义又表音，表义与火，光明，转动相关。

义例：如"炳（bǐng）"表示火明亮显眼。

平（píng）

甲骨文	金文	小篆	隶书	楷书	简书
	平 乎	平	平	平	平

会意字，表义构件"于"字中添加一个表形构件"八"，吹出婉转的乐声，表示乐声舒缓、气息平和的意思；引申为安静舒畅，平顺不倾斜，平地，安定，平坦，均等，平定，公正，调和，共同，免除，宽恕，普通等。

构字表义可记释为"平（píng）乐声"。

既表义又表音，表义与舒缓，不倾斜相关。

义例：如"秤"表示称物体重量时显示不倾斜的工具。

东，東（dōng）

甲骨文	金文	小篆	隶书	楷书	简书
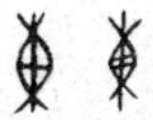 ※ ※	 ※ ※	東	東	東	东

指事字，在表形构件"束"字中间加标示构件横，表示一根木棍放在中间，用兽皮围绕木棍包裹，两头扎紧的袋子的意思；引申为物品，太阳升起的方向，主人，请客的人，到处等。

构字表义可记释为"束（dōng）皮袋"。

既表义又表音，表义与袋子相关。

义例：如"重，金文：※"表示人背着装满物品的袋子。

戉（yuè）

甲骨文	金文	小篆	隶书	楷书	简书
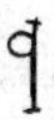 �	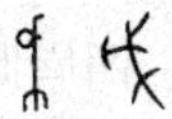 ※ ※	戉	戉	戉	戉

象形字，表示古代一种长柄月牙形刀刃的兵器的形态。形状像斧，比普通的斧头更大、更厚重，其材质多为青铜或铁。

构字表义可记释为"戉（yuè）兵器"。

既表义又表音，表义与兵器相关。

义例：如"戚，甲骨文：※"表示似戉的兵器。

卡（qiǎ）

甲骨文	金文	小篆	隶书	楷书	简书
			卡	卡	卡

会意字，上面是标示构件"上"，下面是标示构件"下"，表示从上下两个方向将物品夹住使其不能活动，不上不下的意思；引申为夹在中间，控制，岗哨，检查站等。

构字表义可记释为"卡（qiǎ）夹住"。

义例：暂无表义构字。

凸（tū）

甲骨文	金文	小篆	隶书	楷书	简书
			凸	凸	凸

后造象形字，中间凸起，表示中间高，四周低的意思；引申为显现等。

构字表义可记释为"凸（tū）中高"。

义例：暂无表义构字。

且（qiě）

甲骨文	金文	小篆	隶书	楷书	简书
（图）	（图）	（图）	且	且	且

象形字，表示雄性生殖部位的形态；引申为祭祀祖先时放置祭品的礼器，祖先，多等。

构字表义可记释为"且（qiě）男根"。

既表义又表音，表义与祭祀，繁衍，放置相关。

义例：如"祖，金文：（图）"表示接受祭祀的男性先辈。

甲（jiǎ）

甲骨文	金文	小篆	隶书	楷书	简书
（图）	（图）	（图）	甲	甲	甲

象形字，表示古代简陋的盾牌的形态；引申为起保护作用的硬壳，硬壳层，铠甲，起保护作用的装备，天干第一位，序数第一，第一位，等级等。

构字表义可记释为"甲（jiǎ）盾牌"。

既表义又表音，表义与起保护作用的硬壳相关。

义例：如"匣"表示对收藏物品起保护作用的器具。

申（shēn）

甲骨文	金文	小篆	隶书	楷书	简书
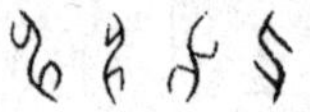 𠃌 𠃌 𠃌 𠃌	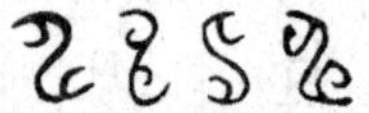 𠃌 𠃌 𠃌 𠃌	申	申	申	申

指事字，上面的标示构件"乚"和下面的标示构件"乚"连在一起，表示对生下女婴之后，该女婴又能够继续生育女婴的繁衍期许，代代延续的意思；引申为伸展，延长，说明，明白，重复等。

家族要繁衍延续，就需要女性繁衍出女性，才能世世代代延续下去，特别要注意的是上下两个"乚"的大小形状基本相同。还有一种解释是"申"表示雷电从天空上延伸下来的形状，该解释与雷电的形状象形有较大差距，也忽略了构字要件。

构字表义可记释为"申（shēn）续女"。

既表义又表音，表义与延续，伸展相关。

义例：如"神，金文：𥛠"表示接受祭祀的女性先祖；"电，金文：�雷"表示下雨时，从上而下延伸的强光闪电。

电，電（diàn）

甲骨文	金文	小篆	隶书	楷书	简书
	 �雷	 電	電	電	电

会意字，上面是表形构件"雨"，下面是表义构件"申"（延续），表示下雨时从云端延伸的一种闪电现象；引申为迅速，光亮，明察等。

"電"简化为"电"，为简化失义，字面上失去了闪电从下雨的云层中延伸的含义。

义例：暂无表义构字。

由（yóu）

甲骨文	金文	小篆	隶书	楷书	简书
ᗗ	ᗗ		由	由	由

指事字，下面的表形构件"口"上加标示构件点，表示有东西从一个容器中生长出来的形态；引申为缘由，机缘，经过，遵循，辅助，从事，想要，顺从等。

构字表义可记释为"由（yóu）容器"。

既表义又表音，表义与容器，缘由相关。

义例：如"抽"表示用手从容器中取出物品。

史（shǐ）

甲骨文	金文	小篆	隶书	楷书	简书
ᚠ	ᚠ	ᚦ	史	史	史

会意字，上边是表形构件叉形杆子，下面是表形构件"又"，表示捕猎，做事的意思；引申为做事的人等。

构字表义可记释为"史（shǐ）做事"。

既表义又表音，表义与做事相关。

义例：如"吏，甲骨文：ᚦ"表示手持旗帜的队伍领头人。

央（yāng，yīng）

甲骨文	金文	小篆	隶书	楷书	简书
			央	央	央

yāng，象形字，"大"字上面加一个绳索状的"凵"，表示在人的脖子上套上绳索吊死的形态，表示缢死，祸殃的意思；引申为灾祸，中心，完结，久远等。

yīng，引申为鲜明的样子，声音和谐等。

构字表义可记释为"央（yāng）祸"。

既表义又表音，表义与灾祸，套脖子，中心相关。

义例：如"殃（yāng）"表示导致伤残的灾祸。

目，以（yǐ）

甲骨文	金文	小篆	隶书	楷书	简书
			目 以	目 以	目 以

象形字，表示已经布置好的绳套的形态；引申为凭借，用，认为，能够等。

"目"构字表义可记释为"目（yǐ）两口凭借"。

"以"构字表义可记释为"以（yǐ）凭借"。

既表义又表音，表义与凭借，相像相关。

义例：如"姒（sì）"表示兄长的妻子。

冉（rǎn）

甲骨文			金文		小篆	隶书	楷书	简书
						冉	冉	冉

　　象形字，同"冄"，表示用草编织的物品的形态；引申为柔软下垂，缓慢渐进等。

　　构字表义可记释为"冉（rǎn）下垂"。

　　既表义又表音，表义与柔软下垂相关。

　　义例：如"聃（dān）"表示又长又大的耳朵下垂的样子。

凹（āo）

甲骨文	金文	小篆	隶书	楷书	简书
			凹	凹	凹

　　后造象形字，中间凹下，表示中间低，四周高的意思；引申为低洼等。

　　构字表义可记释为"凹（āo）下陷"。

　　既表义又表音，表义与低于四周相关。

　　义例：如"坳（ào）"表示地面低凹的地方。

四（sì）

甲骨文	金文	小篆	隶书	楷书	简书
三	三 四	四	四	四	四

　　象形字，表示食指、中指、无名指和小指伸直并出的形态，数目四的意思；引申为多方面等。

　　构字表义可记释为"数目四（sì）"。

　　既表义又表音，表义与数目四相关。

　　义例：如"驷"表示古代同驾一辆车的四匹马。

冎，剐，另（guǎ）

甲骨文	金文	小篆	隶书	楷书	简书
冎		冎	冎	冎	冎

　　象形字，表示剔好的用于占卜的牛肩胛骨的形态；引申为骨头，将肉从骨头上剔下来等。

　　"冎"构字表义可记释为"冎（guǎ）离"。

　　"剐"构字表义可记释为"剐（guǎ）刀离"。

　　"另"构字表义可记释为"另（guǎ）力离"。

　　既表义又表音，表义与分离相关。

　　义例：如"刐（bié）、别，甲骨文：冎"表示用刀分解骨和肉。

失（shī，yì）

甲骨文	金文	小篆	隶书	楷书	简书
	夫	夫	失	失	失

　　shī，指事字，表形构件人的手中间加标示构件横，表示手从手腕处断开，失去一只手的意思；引申原来有的东西没有了，遗失，消失不见，改变，错过，违背，过错等。

　　yì，引申为奔逃，悠闲安乐，闲散，放纵，超过等。

　　构字表义可记释为"失（shī）断手"。

　　既表义又表音，表义与遗失，消失，放纵相关。

　　义例：如"佚（yì）"表示人消失、隐遁。

乍（zuò，zhà）

甲骨文	金文	小篆	隶书	楷书	简书
乍 乍	乍 乍	乍	乍	乍	乍

　　zuò，象形字，表示上衣的衣领已完工但缺少袖子未完全做好的形态，制作上衣的意思；引申为制作，创造，起始等。

　　zhà，引申为竖起，张开，害怕而颤动，壮，俏丽，初始，刚才，突然，暂时，恰好，或者等。

　　构字表义可记释为"乍（zuò）制衣"。

　　既表义又表音，表义与制作，起始，突然，裂开相关。

　　义例：如"咋"表示突然消失的往日。

丘（qiū）

甲骨文	金文	小篆	隶书	楷书	简书
⩗	𝕬	𝕀𝕀	丘	丘	丘

象形字，表示两山中间夹一块平地的形态，隆起的土坡，矮小的山峰的意思；引申为聚集、高低、坟冢等。

构字表义可记释为"丘（qiū）土坡"。

既表义又表音，表义与土坡，山峰相关。

义例：如"岳，甲骨文：𝕬"表示有高大山峰的山。

斥，㢇（chì）

甲骨文	金文	小篆	隶书	楷书	简书
		㢇	斥㢇	斥㢇	斥㢇

会意字，左上是表形构件"广"，右下是表义构件"屰（nì）"（倒立），房屋向下，表示将房屋拆除的意思；引申为推，驱逐，指责等。

"斥"为"㢇"的异体字。

"斥"构字表义可记释为"斥（chì）拆房"。

既表义又表音，表义与拆毁，裂开，分离相关。

义例：如"坼（chè）"表示土地裂开。

乎（hū）

甲骨文	金文	小篆	隶书	楷书	简书
平 乇	少 乎	乎	乎	乎	乎

会意字，上面是标示构件三个点代表声音传播，下面是类似上古时期的牛角号的表形构件，表示呼唤的意思；引申为长声呼叫等。

构字表义可记释为"乎（hū）号角声"。

既表义又表音，表义与呼唤，发声相关。

义例：如"虖（hū），金文：𧆞"表示老虎吼叫。

用（yòng）

甲骨文	金文	小篆	隶书	楷书	简书
甪 甪 甪	甪 甪	甪	用	用	用

会意字，外面是表形构件"凡"，中间表形构件代表一根树枝，表示肛门中间竖着草、棍、树枝，擦屁股的意思；引申为发挥功能，任用，奉行，施行，采纳，放置，治理，需要等。

上古时期，人们会用树叶、树枝等来擦屁股，为了表示树枝是有用的而造此字。

构字表义可记释为"有用（yòng）处"。

既表义又表音，表义与功用，施行相关。

义例：如"甬（yǒng），金文：甬"表示肛门通畅。

甩（shuǎi）

甲骨文	金文	小篆	隶书	楷书	简书
			甩	甩	甩

指事字，将表义构件"用"字中竖向右弯曲，使用手扔出物品的动作，表示挥动，扔出的意思；引申为摆脱等。

构字表义可记释为"甩（shuǎi）扔出"。

义例：暂无表义构字。

乐，樂（lè，yuè）

甲骨文	金文	小篆	隶书	楷书	简书
♈♈	Y ♈ ♈	♈	樂	樂	乐

lè，会意字，上面是两个表形构件"幺"（此处表示松树流出的黏液），下面是表形构件"木"，表示人们举行篝火晚会时，松枝燃烧发出的噼啪响声；引申为愉快，安乐，笑等。

yuè，引申为音乐，演奏，演奏乐器的人等。

"樂"简化为"乐"，为简化失义，字面上失去了树枝。

构字表义可记释为"乐（lè）欢快"。

义例：暂无表义构字。

匆（cōng）

甲骨文	金文	小篆	隶书	楷书	简书
			匆	匆	匆

指事字，在表形构件"心"加标示构件竖，小篆上为"囟"，原为"悤"和"恖"，唐代后简化为"匆"，表示着急时心脏剧烈跳动的意思。

构字表义可记释为"匆（cōng）心快跳"。

义例：暂无表义构字。

册（cè）

甲骨文	金文	小篆	隶书	楷书	简书
			册	册	册

象形字，表示用皮绳将许多写好字的细长竹片穿在一起的形态，编在一起的竹简的意思；引申为装订好的书本，诏书，赐封，本数等。

构字表义可记释为"册（cè）连片"。

既表义又表音，表义与竹简，编排物相关。

义例：如"栅（zhà）"用木条连起的阻拦物。

卯（mǎo）

甲骨文	金文	小篆	隶书	楷书	简书
卯 卯	卯 卯	卯	卯	卯	卯

象形字，表示在祭祀时将人或牲畜剖成两半，掏空挂起的形态，分开，分体的意思；引申为杀，木器孔，地支第四位等。

殷商时期的一种祭祀活动，在卯祭中，通常会将牛或人作为祭品献祭给神灵或祖先，以此来祈求神灵的庇护和祖先的保佑。祭祀完成后还要将肉分给参加祭祀的人食用，以示共享神灵的恩赐。

构字表义可记释为"卯（mǎo）分开"。

既表义又表音，表义与分开，分体相关。

义例：如"铆"表示器物接榫的空凹处。

主（zhǔ）

甲骨文	金文	小篆	隶书	楷书	简书
		主	主	主	主

象形字，下面是灯座，上面一点是灯焰，表示灯芯火焰的形态；引申为主体，最重要的，根本等。

构字表义可记释为"主（zhǔ）要"。

既表义又表音，表义与中心，主体，最重要相关。

义例：如"柱"表示支撑房屋的最重要的木质直立构件。

半（bàn）

甲骨文	金文	小篆	隶书	楷书	简书
	夵	半	半	半	半

　　会意字，上面是表形构件"八"，下面是表形构件"牛"，表示将牛宰杀从中间分成两半，一分为二的意思；引申为二分之一，中间，部分等。

　　构字表义可记释为"半（bàn）中分"。

　　既表义又表音，表义与一分为二相关。

　　义例：如"判"表示用刀割开，分成两半。

头，頭（tóu）

甲骨文	金文	小篆	隶书	楷书	简书
		頭	頭	頭	头

　　会意字，左面是表形构件"豆"（器皿），右面是表形构件"页"（头脸），表示位于动物身体最上部或最前部的脑袋；引申为起点，终点，第一，顶端等。

　　"頭"简化为"头"，为简化错字。

　　构字表义可记释为"头（tóu）脑袋"。

　　义例：暂无表义构字。

必（bì）

甲骨文	金文	小篆	隶书	楷书	简书
丨 丨丨 丨丨				必	必

会意字，外面两点是标示构件代表移动目标，里面是表形构件"弋"，表示用弋瞄准目标投掷的意思；引申为标杆，标准，肯定，一定等。

构字表义可记释为"必（bì）投弋"。

义例：暂无表义构字。

永（yǒng）

甲骨文	金文	小篆	隶书	楷书	简书
			永	永	永

会意字，外面是表形构件"水"，中间是表形构件"人"，人在水中，表示人在水波荡漾的水流中游泳的意思；引申为长长水流的样子，时间长，意味深长，延长等。

构字表义可记释为"永（yǒng）游水"。

既表义又表音，表义与游泳，水流长相关。

义例：如"咏，金文：𣱱"表示用长声诵读。

司（sī）

甲骨文	金文	小篆	隶书	楷书	简书
𠯢 后	司 司	司	司	司	司

会意字，同"后"，左面是表形构件"口"，右面的表形构件代表四指并拢与拇指连成圆筒状的手，表示发布口令的意思；引申为掌管，官吏，所掌管的事等。

构字表义可记释为"司（sī）掌管"。

既表义又表音，表义与掌管，主持相关。

义例：如"伺"表示某人守候在主人身边侍奉。

民（mín）

甲骨文	金文	小篆	隶书	楷书	简书
甲 甲	甲 㞷	民	民	民	民

会意字，上面是表形构件"目"，下面是表形构件"十"，表示眼睛直直向下看的人，被统治的人的意思；引申为臣服的下层民众，庶人，百姓，人类等。

这个字很形象地将"人"和"民"区分开来，那些被统治阶层统治的下层人，头是低垂的，眼睛是不能看上层人的。

构字表义可记释为"民（mín）被统治者"。

既表义又表音，表义与地位低的人相关。

义例：如"氓（méng）"表示失去家园流亡的平民百姓。

弗（fú）

甲骨文	金文	小篆	隶书	楷书	简书
$ $ $	弗	弗	弗	弗	弗

会意字，中间的表形构件是两支箭杆，外面的表形构件代表绳子，表示用绳子捆束的意思；引申为矫正，不正，相违背，不等。

构字表义可记释为"弗（fú）捆束"。

既表义又表音，表义与捆缚，否定，不正相关。

义例：如"怫（fú）"表示事与愿违，心情不舒畅。

出（chū）

甲骨文	金文	小篆	隶书	楷书	简书
			出	出	出

会意字，上面是表形构件"止"，下面是表形构件"凵"（低洼处），表示人从低洼或坑陷走出来的意思；引申为到某地，到外面，发出，显露，离开等。

构字表义可记释为"出（chū）外走"。

既表义又表音，表义与由内向外，到外面相关。

义例：如"粜（tiào）"表示卖出粮食。

发，發（fā，fà）

甲骨文	金文	小篆	隶书	楷书	简书
𢍌	發	發	發	發	发

　　fā，会意字，甲骨文左面是表形构件"弓"，右面是表示手持箭杆的表形构件"癹（bá）"，金文右上加了双"止"，表示双脚站好，用手拉弓将箭射出，发射的意思；引申为送出，交付，离开，开启等。

　　"發"简化为"发"，为简化错字。

　　"发"构字表义可记释为"手发（fā）射"。

　　"發"构字表义可记释为"弓發（fā）射"。

　　既表义又表音，表义与射出，出，离开等相关。

　　义例：如"泼"表示将液体猛地倒出去。

　　fà，"髮（fà）"简化为"发"，为简化错字，表示头发的意思；引申为草木。

丝，絲（sī）

甲骨文	金文	小篆	隶书	楷书	简书
𢇲	絲 絲 絲	絲	絲	絲	丝

　　象形字，表示两束并列的蚕丝的形态，表示蚕丝的意思；引申为丝织品，丝状物等。

"絲"简化为"丝"。

构字表义可记释为"蚕丝（sī）"。

既表义又表音，表义与蚕丝，丝状物，细微相关。

义例：如"兹，甲骨文：⟨⟨"表示草木茂盛。

六　画

亚，亞（yà）

甲骨文	金文	小篆	隶书	楷书	简书
⊹ ⊹	⊹ ▢	亞	亞	亞	亚

象形字，表示殷商时期王的陵寝有两个或四个墓道的形态；引申为匹配，等同，掩闭等。

"亞"简化为"亚"，为简化失形，字面上失去了墓道的样子。

构字表义可记释为"亚（yà）匹配"。

既表义又表音，表义与匹配相关。

义例：如"娅（yà）"表示姊妹的丈夫间的相互称呼。

吏（lì）

甲骨文	金文	小篆	隶书	楷书	简书
吏	吏	吏	吏	吏	吏

会意字，上面的表形构件代表一面旗帜，下面是表形构件"又"，表示用手拿着旗帜的人，队伍领头人的意思；引申为做事的人，古代官员等。

构字表义可记释为"吏（lì）领头人"。

既表义又表音，表义与做事相关。

义例：如"使，金文：徣"表示差遣人做事。

再（zài）

甲骨文	金文	小篆	隶书	楷书	简书
再	再再	再	再	再	再

指事字，表形构件男性生殖器官上加标示构件一横或两横，表示连续两次结合，第二次的意思；引申为重复，更加等。

构字表义可记释为"再（zài）二次"。

义例：如"媾（gòu），金文：媾"表示两家第二次结成婚姻关系。

戌（xū）

甲骨文	金文	小篆	隶书	楷书	简书
		戌	戌	戌	戌

象形字，表示平刃带短柄的古代兵器宽斧钺的形态；引申为地支第十一位等。

构字表义可记释为"戌（xū）兵器"。

既表义又表音，表义与兵器相关。

义例：如"咸，甲骨文：　"表示手持戌齐声呼喊。

百（bǎi）

甲骨文	金文	小篆	隶书	楷书	简书
		百	百	百	百

会意字，下面的表形构件代表嘴，上面是标示构件横，表示男性嘴上的胡须，数目一百的意思；引申为数量很多等。

胡须常在嘴的周围，数量不少，于是造"百"字表示较多的数量。

构字表义可记释为"百（bǎi）数目"。

既表义又表音，表义与众多相关。

义例：如"　"表示三百。

夹，夾（jiā，jiá）

甲骨文	金文	小篆	隶书	楷书	简书
夾 夾	夾 夾	夾	夾	夾	夹

　　jiā，会意字，中间是表形构件"大"，"大"字两边手臂下是表形构件"人"，表示两个人分别从左右搀扶着中间的人，扶持，夹持的意思；引申为夹杂，掺杂，辅佐，两旁，接近，掺杂，夹具等。

　　jiá，引申双层的，夹衣等。

　　"夾"简化为"夹"，为简化失义，字面上失去了两人搀扶一人的含义。

　　构字表义可记释为"两人夹（jiā）中人"。

　　既表义又表音，表义与夹持，两边相持相关。

　　义例：如"峡"表示两山夹着的水道。

夷（yí）

甲骨文	金文	小篆	隶书	楷书	简书
夷	夷	夷	夷	夷	夷

　　会意字，中间是表形构件"矢"，周围的表形构件代表缠着"矢"并系在"矢"尾部的细绳，表示尾部系绳的箭，射杀的意思；引申为消灭，东部的少数民族称呼，外国人，铲平，愉快等。

既表义又表音，表义与射杀，平放相关。

构字表义可记释为"夷（yí）射杀"。

义例：如"痍（yí）"表示被箭射中，皮肤开裂。

曳（yè）

甲骨文	金文	小篆	隶书	楷书	简书
		曳	曳	曳	曳

会意字，上面是表形构件双"爪"，中间是标示构件"丿"（延伸），表示抓住某物在地上拖行，拖拉的意思；引申为飘摇等。

构字表义可记释为"曳（yè）拖拉"。

既表义又表音，表义与拖拉相关。

义例：如"拽（zhuài）"表示用手拖。

曲（qū，qǔ）

甲骨文	金文	小篆	隶书	楷书	简书
曲	曲 曲	曲	曲	曲	曲

qū，象形字，表示木工用来测量角度的带有刻度的工具曲尺的形态；引申为不直，折，偏僻，局部，隐秘之处，普遍，不合理，不公正，过错等。

qǔ，引申为声音高低起伏，歌曲，乐谱等。

构字表义可记释为"曲（qū）尺"。

既表义又表音，表义与弯曲相关。

义例：如"畾（tāo）"表示底部弯曲的一种器具。

年（nián）

甲骨文	金文	小篆	隶书	楷书	简书
𠂹	𠂹	秂	秊	年	年

会意字，上面是表形构件"禾"，下面是表形构件"人"，人背着收割好的已成熟的谷物，表示庄稼成熟的意思；引申为一年的收成，丰收，地球绕太阳一周等。

构字表义可记释为"年（nián）背禾"。

既表义又表音，表义与农事收成，丰收相关。

义例：如"姩（niàn）"表示成年的漂亮女子。

朱（zhū）

甲骨文	金文	小篆	隶书	楷书	简书
朱	朱 朱 朱	朱	朱	朱	朱

指事字，表形构件"木"字中间加标示构件点或横，表示截断后的树干；引申为大红色（树干中心的颜色）等。

构字表义可记释为"朱（zhū）木红"。

既表义又表音，表义与树干，红色相关。

义例：如"硃（zhū）"表示一种红色的矿石丹砂。

乒（pīng）

甲骨文	金文	小篆	隶书	楷书	简书
			乒	乒	乒

现代拟音字，"兵"字去掉右点，表示物体碰撞，崩裂，枪炮的声音等。

构字表义可记释为"乒（pīng）撞声"。

义例：暂无表义构字。

乓（pāng）

甲骨文	金文	小篆	隶书	楷书	简书
			乓	乓	乓

现代拟音字，"兵"字去掉左点，表示枪声，关门声，东西砸破的声音等。

构字表义可记释为"乓（pīng）枪声"。

义例：暂无表义构字。

秂（yín）

甲骨文	金文	小篆	隶书	楷书	简书
			秂	秂	秂

　　会意字，上面是标示构件"⊙"（目标），下面是表形构件三个"人"，表示一起向目的地行进的人的意思；引申为许多人，许多，群，普通等。

　　另有一种解释认为上面标示构件"⊙"表示太阳，表示人们在太阳下聚集，这是一种误解。人类是因为某种目的才聚集在一起的，不会因为天气。

　　构字表义可记释为"秂（yín）多人"。

　　既表义又表音，表义与许多相关。

　　义例：如"聚"表示很多人会合、集合。

向（xiàng）

甲骨文	金文	小篆	隶书	楷书	简书
		向	向	向	向

　　会意字，外面是代表房子的表形构件，里面是表形构件"口"，表示在房屋的墙壁上开一个口作为窗户的意思；引申为朝着，面对，方向，方位等。

　　上古时期的房屋，为了空气流通，会在房屋的墙壁上开凿一个孔洞当作窗户，而窗户通常会面向一个居住感受比较好的方向。

构字表义可记释为"向（xiàng）方位"。

既表义又表音，表义与朝向，趋向相关。

义例：如"响"表示相反方向的回声。

囟（xìn）

甲骨文	金文	小篆	隶书	楷书	简书
⊕	⊕	⊗	囟	囟	囟

象形字，表示初生的婴儿头骨未闭合有缝隙的形态，囟门的意思。

构字表义可记释为"囟（xìn）头骨缝"。

既表义又表音，表义与头，缝隙相关。

义例：如"馘（pī）"表示房屋被敲打开裂。

后，後（hòu）

甲骨文	金文	小篆	隶书	楷书	简书
屮 𤔲 後	后 𤔲 後	后 後	后 後	后 後	后

后，会意字，同"司"，左面是表形构件"口"，右面是表形构件"又"，将四指并拢与拇指连成圆筒状放在嘴边，使声

音传远的意思；引申为发号施令，君主，伫候等。

上古时期女性长辈发号施令，为了让口令的声音传得更远而采取的一种特殊手形，这种方式延续至今。

构字表义可记释为"后（hòu）女主"。

义例：暂无表义构字。

後，会意字，左面是表形构件"彳"（街道），右上面是表形构件"幺"（脐带），右下面是表形构件"夊"（返回），表示代代延续的意思；引申为位置与前相对，时间晚，空间位置后，将来等。"後"简化为"后"，为简化错字。

"後"的构形是一种对血缘关系得以延续的表达。

构字表义可记释为"後（hòu）延续"。

义例：暂无表义构字。

兆（zhào）

甲骨文	金文	小篆	隶书	楷书	简书
		州	兆	兆	兆

象形字，表示龟甲上占卜出现的裂纹的形态；引申为征兆，预示，开始等。

构字表义可记释为"兆（zhào）卜"。

义例：暂无表义构字。

伞，傘，繖（sǎn）

甲骨文	金文	小篆	隶书	楷书	简书
		繖	伞	伞	伞

形声字，表义构件"纟"，示音构件"散"，表示古代车上用来起遮蔽作用的篷；引申为车伞相似形状的器具，车盖，挡雨的用具，伞状物等。

"傘、繖"简化为"伞"，为简化正形，回归了"伞"原本的形状。

构字表义可记释为"伞（sǎn）遮具"。

义例：暂无表义构字。

争，爭（zhēng）

甲骨文	金文	小篆	隶书	楷书	简书
爭 爭		爭	爭	爭	争

会意字，上下是表形构件"又"，中间的标示构件代表物件，表示两只手在抢夺某物，抢夺的意思；引申为争斗，夺取，竞争，争论等。

"爭"简化为"争"，为简化失义，字面上失去了一只手。

构字表义可记释为"争（zhēng）手夺"。

既表义又表音，表义与夺取，用力达到相关。

义例：如"挣"表示用力支撑。

亦（yì）

甲骨文	金文	小篆	隶书	楷书	简书
（图形）	（图形）	（图形）	亦	亦	亦

指事字，在表形构件"大"字手臂下面加标示构件两点，表示两边都有的意思；引申为又，也，类同，已经，就，却，还，更加，都，究竟，只是，的确，原本，由于，尚且等。

通常人的腋下都有体毛，古人造这个字就是要表达存在同样事情的意思。

构字表义可记释为"亦（yì）两边都有"。

义例：暂无表义构字。

产，產（chǎn）

甲骨文	金文	小篆	隶书	楷书	简书
	（图形）	（图形）	產	產	产

会意字，上面是表形构件"文"（雌性动物生殖器官），中间是标示构件"厂"（反转），下面是表形构件"生"，表示动物产子（头部朝下），生育的意思；引申为生长，产生，物产，产品，拥有物等。

构字表义可记释为"产（chǎn）生育"。

义例：暂无表义构字。

亥（hài）

甲骨文	金文	小篆	隶书	楷书	简书
			亥	亥	亥

象形字，表示男孩侧面的形态，生下后向男性先祖祈福，祈佑成活和人丁兴旺的意思；引申为地支第十二位。本义由转注字"孩"继承。

构字表义可记释为"亥（hài）男孩"。

既表义又表音，表义与繁衍，延续，充足相关。

义例：如"孩"表示幼小的儿童。

关（juǎn）

甲骨文	金文	小篆	隶书	楷书	简书
				关	关

会意字，上面是表形构件"米"，下面是表形构件"廾"，表示用双手揉饭团的意思；

构字表义可记释为"关（juǎn）揉圆"。

既表义又表音，表义与使变圆相关。

义例：如"拳"表示手指曲握的手。

屰（nì）

甲骨文	金文	小篆	隶书	楷书	简书
Ψ Ψ Ψ Ψ	Ψ Ψ Ψ	Ψ	屰	屰	屰

象形字，人头朝下倒立的形态，表示倒立，不顺畅的意思。

构字表义可记释为"屰（nì）倒立"。

既表义又表音，表义与逆行相关。

义例：如"逆，甲骨文：⚡"表示面向来者的方向前去迎接。

州（zhōu）

甲骨文	金文	小篆	隶书	楷书	简书
𢀖 𢀖 𢀖 𢀖	𢀖 𢀖 𢀖 𢀖	州	州	州	州

象形字，"川"字中间加了一个圆点，表示河流中有小岛，小块陆地的形态；引申为地理区域划分，居住等。

构字表义可记释为"州（zhōu）河岛"。

既表义又表音，表义与河洲，小岛相关。

义例：如"洲"表示水中陆地。

农，農（nóng）

甲骨文	金文	小篆	隶书	楷书	简书
莤茋	愚菁檃	蘮	農	農	农

会意字，上面是表形构件"艸"，下面是表义构件"辰"（割断），人站在农田里手持石镰等工具收割禾谷的意思；引申为耕种，农事，农业，农民，勤勉，浓厚等。

"農"简化为"农"，为简化失义，字面上失去了农具。

构字表义可记释为"农（nóng）收割"。

既表义又表音，表义与农事，浓厚相关。

义例：如"秾、穠（nóng）"花木繁茂的样子。

丞（zhěng，chéng）

甲骨文	金文	小篆	隶书	楷书	简书
𣂪	𢽐	𠨐	丞	丞	丞

zhěng，象形字，表示双手将一个掉入坑洞里的屈膝之人拉上来，拯救的意思。

chéng，引申为辅助，辅佐等。

构字表义可记释为"丞（zhěng）救"。

既表义又表音，表义与拯救，向上抬相关。

义例：如"拯"表示双手上举救援。

七　画

严，嚴（yán）

甲骨文	金文	小篆	隶书	楷书	简书
	𩫈 𩫈 𩫈 𩫈	嚴	嚴	嚴	严

　　会意字，上面是表形构件"口"，中间是标示构件"厂"（反转），下面是表义构件"帚"和表形构件"又"，表示用手反持筶帚对小孩进行训诫，彰显父母的威严的意思；引申为紧急，严峻，严厉，厉害，认真，威武，端庄，齐整，险要，敬重，害怕，加重等。

　　"嚴"简化为"严"，为简化失义，字面上失去了口、手和筶帚。

　　构字表义可记释为"威严（yán）"。

　　既表义又表音，表义与紧急，威严，加重相关。

　　义例：如"酽（yàn）"表示酒、醋等的味道很重。

求（qiú）

甲骨文	金文	小篆	隶书	楷书	简书
求	求	求	求	求	求

象形字，表示手提皮毛朝外的皮袄的形态，皮衣的意思；引申为取得，希望，恳请，贪婪，要求，选取，聚集等。

构字表义可记释为"求（qiú）皮衣"。

既表义又表音，表义与皮衣相关。

义例：如"裘（qiú），甲骨文："表示带毛的皮衣。

甫（pǔ，fǔ）

甲骨文	金文	小篆	隶书	楷书	简书
甫	甫	甫	甫	甫	甫

pǔ，象形字，表示菜苗长在田地里的形态，苗圃的意思。

fǔ，引申为开始，刚刚，大等。

构字表义可记释为"甫（pǔ）苗田"。

既表义又表音，表义与苗圃，铺开相关。

义例：如"圃（pǔ），金文："表示种植花草、苗木、菜的园地。

更（gēng）

甲骨文	金文	小篆	隶书	楷书	简书
			更	更	更

会意字，上面是表义构件"丙"，下面是表义构件"攴"，表示手持木棍在有孔木板上转动以取火的意思；引申为改变，替代，更换，交替，抵偿，相继，经历，经过等。

构字表义可记释为"更（gēng）转动"。

既表义又表音，表义与翻动，改变，拍击相关。

义例：如"便（pián），金文：🗡"表示人改变后的安适状态。

束（shù）

甲骨文	金文	小篆	隶书	楷书	简书
			束	束	束

象形字，表示将木棍两头扎紧，根身用藤条或皮囊包裹起来的棍囊的形态，捆绑木头的意思；引申为捆扎，整理，收拾，控制，限制，狭窄等。

构字表义可记释为"束（shù）捆缚"。

既表义又表音，表义与捆缚相关。

义例：如"剌（lá），甲骨文：🗡"表示用刀将捆缚割开。

两，兩（liǎng）

甲骨文	金文	小篆	隶书	楷书	简书
	兩 兩 兩 兩	兩	兩	兩	两

象形字，表示古代马车配有双轭（è）的形态；引申为并成两个一对，双方，二等。

"兩"简化为"两"。

构字表义可记释为"两（liǎng）双对"。

既表义又表音，表义与成双成对相关。

义例：如"俩（liǎ）"表示两个人，两个。

丽，麗（lì）

甲骨文	金文	小篆	隶书	楷书	简书
麗	麗 麗	麗	麗	麗	丽

象形字，表示有漂亮鹿角的鹿的形态，漂亮的意思；引申为结伴而行，成对的，美丽，漂亮，华美，附着，匹配，施加等。

"麗"简化为"丽"，为简化失形，字面上失去了动物鹿。

构字表义可记释为"丽（lì）鹿美"。

既表义又表音，表义与漂亮，成对相关。

义例：如"俪（lì）"表示成双成对的。

来，來（lái）

甲骨文	金文	小篆	隶书	楷书	简书
来 来 来	来 来	来	来	来	来

象形字，表示形状似大麦的植物的形态；引申为由远及近，招致等。

"來"简化为"来"。

构字表义可记释为"来（lái）大麦"。

既表义又表音，表义与大麦状植物相关。

义例：如"赉（lài）"表示上天赐予珍贵的食物麦。

串（chuàn）

甲骨文	金文	小篆	隶书	楷书	简书
	串 串 串		串	串	串

象形字，表示用绳或木棍将两个物体穿起来形成一个整体的形态；引申为到别人家走动，暗中勾结，衔接，连续的声音、动作、事件等。

构字表义可记释为"串（chuàn）连"。

义例：暂无表义构字。

我（wǒ）

甲骨文	金文	小篆	隶书	楷书	简书
卅 卅	我 我	我	我	我	我

　　象形字，表示刃口为锯齿状的兵器的形态，锯类工具的意思；引申为杀。

　　构字表义可记释为"我（wǒ）杀"。

　　既表义又表音，表义与杀相关。

　　义例：如"義，甲骨文：羊"表示如领头羊般拿着兵器搏斗。

囱（chuāng，cōng）

甲骨文	金文	小篆	隶书	楷书	简书
		囱	囱	囱	囱

　　chuāng，象形字，表示房屋上部天窗的形态；引申为墙上的窗户等。

　　cōng，引申为烟囱等。

　　上古时期，人们在房屋靠上部的位置开凿的用于透气通光的孔洞。

　　构字表义可记释为"囱（chuāng）窗孔"。

　　既表义又表音，表义与窗孔相关。

　　义例：如"窗"表示屋顶上透气通光的孔洞等。

夑，奐（huàn）

甲骨文	金文	小篆	隶书	楷书	简书
	𥄂	𥄂	奐	奐	奂

会意字，上面是表形构件"人"，中间是表形构件"丙"，下面是表形构件"廾"（双手），表示双手高高举起一人，如火般光亮，表示盛大的意思。

"奐"简化为"奂"。

构字表义可记释为"奂（huàn）盛大"。

既表义又表音，表义与盛大相关。

义例：如"焕（huàn）"表示火光明亮。

免（wèn，miǎn）

甲骨文	金文	小篆	隶书	楷书	简书
𥄂 𥄂	𥄂	𥄂	免	免	免

wèn，象形字，表示古人脱掉帽子用白布包裹发髻的丧服的形态。

miǎn，引申为脱掉，逃避，释放，豁免，离开，弱，生小孩等。

古代，当家里有人去世时，子女要穿戴孝服，头部用白布包裹头发并竖起尖角，这种习俗至今依然存在。

构字表义可记释为"免（wèn）丧帽"。

既表义又表音，表义与帽子，脱去相关。

义例：如"絻（miǎn），甲骨文：💫"表示古代帝王、诸侯及卿大夫所戴的礼帽。

卵（luǎn）

甲骨文	金文	小篆	隶书	楷书	简书
	卵	卵	卵	卵	卵

象形字，表示动植物雌性生殖细胞的形态；引申为椭圆形物品。

构字表义可记释为"卵（luǎn）细胞"。

既表义又表音，表义与卵状，蛋相关。

义例：如"孵（fū）"表示禽鸟将卵内的胚胎孵化成雏鸟。

㡀（bì）

甲骨文	金文	小篆	隶书	楷书	简书
		㡀	㡀	㡀	㡀

指事字，表形构件"巾"字加标示构件四个点，表示有污渍的布，破布的意思；引申为破旧等。

构字表义可记释为"㡀（bì）破布"。

既表义又表音，表义与破旧相关。

义例：如"敝（bì），金文：🪓"表示手持木棍打破衣服。

弟（dì）

甲骨文	金文	小篆	隶书	楷书	简书
隶 隶 隶	隶 隶	隶	弟	弟	弟

会意字，中间是表形构件箭杆，表形构件绳子按一定顺序缠绕在箭杆上，缠绕次序的意思；引申为次序，比自己年纪小的男性，门徒，后，弱小等。

构字表义可记释为"弟（dì）次序"。

既表义又表音，表义与次序相关。

义例：如"悌（tì）"表示弟弟需要遵守的敬爱兄长的道德规范。

八　画

其（jī）

甲骨文	金文	小篆	隶书	楷书	简书
其 其 其 其	其 其	其	其	其	其

象形字，表示一种铲状器具簸箕的形态。

构字表义可记释为"其（jī）簸箕"。

簸箕是一种传统的农具和生活用品，通常为扁平状，一般由竹篾、柳条等天然材料编制而成，由较浅的斗状部分和较长的手持部分组成。在收获粮食时，可通过上下颠簸的动作，利用风力将较轻的杂质分离出去，留下饱满的粮食。也可以用来盛装物品，如蔬菜、水果等。亦可用于清扫垃圾，将垃圾扫入簸箕后再倒掉。

既表义又表音，表义与簸箕相关。

义例：如"箕（jī）"表示用竹条编制的铲状器具等。

直（zhí）

甲骨文	金文	小篆	隶书	楷书	简书
		直	直	直	直

会意字，上面是表形构件"十"，下面是表形构件"目"，表示眼睛直直地盯着前方，正视的意思；引申为端正，竖直的，公正，坦率，伸直，僵硬，正对，当，遇到，顶上，代理，价值，佣金等。

构字表义可记释为"直（zhí）目正视"。

既表义又表音，表义与直视，端正，正对相关。

义例：如"值"表示人做出的正当处置。

事（shì）

甲骨文	金文	小篆	隶书	楷书	简书
中	中 中	中	事	事	事

会意字，甲骨文同"吏"，上面是代表叉形的杆子的表形构件，下面是表形构件"又"，表示手上拿着带叉的杆子打猎，做事的意思；引申为做，治理，办理，从事，侍奉，任用，役使，勤劳，职务，职业，事情，变故，责任等。

构字表义可记释为"事（shì）狩猎"。

义例：暂无表义构字。

豖（chù）

甲骨文	金文	小篆	隶书	楷书	简书
豖 豖	豖	豖	豖	豖	豖

指事字，表形构件"豕"字旁加标示构件竖，表示为了增肥而被阉割的猪；引申为敲击，行走艰难等。

构字表义可记释为"豖（chù）肥猪"。

既表义又表音，表义与敲击，肥大相关。

义例：如"椓（zhuó）"表示宫刑。

疌（jié）

甲骨文	金文	小篆	隶书	楷书	简书
			疌	疌	疌

　　会意字，上面的表形构件代表茎秆很长的"屮"（草），中间是表形构件"又"，下面是表形构件"止"，表示停下脚步用手拔草，动作迅速的意思。

　　构字表义可记释为"疌（jié）快速"。

　　既表义又表音，表义与动作迅速相关。

　　义例：如"捷"表示用手快速地捕获猎物。

妻（qī）

甲骨文	金文	小篆	隶书	楷书	简书
			妻	妻	妻

　　会意字，左面是表形构件"若"（一个头发披散的女子），右面是表形构件"又"，表示结合后用手将头发盘起，整理头发的女子，男性配偶的意思。

　　构字表义可记释为"妻（qī）男配偶"。

　　义例：暂无表义构字。

具（jù）

甲骨文	金文	小篆	隶书	楷书	简书
𤿥 𤿥	𤿥 𤿥 𤿥	𤿥	具	具	具

会意字，中间是表形构件"鼎"，两边是表形构件"又"，用双手搬动器具"鼎"，表示准备好器具准备烹煮食物的意思；引申为酒饭，准备，有，器物，才能，完备，陈述，详尽，全等。

构字表义可记释为"具（jù）备"。

既表义又表音，表义与准备好相关。

义例：如"犋（jù）"表示准备好牵引农具的牛。

果（guǒ）

甲骨文	金文	小篆	隶书	楷书	简书
𣎳	𣎳	𣎳	果	果	果

象形字，表示树上结有果实的形态，植物果实的意思；引申为结局，现实，充实，坚决，胜利，美等。

构字表义可记释为"果（guǒ）实"。

既表义又表音，表义与果实，果实状，圆形相关。

义例：如"踝（huái）"表示小腿与脚掌连接处凸起的球状部位。

垂（chuí）

甲骨文	金文	小篆	隶书	楷书	简书
𣔻	埀	坙	垂	垂	垂

象形字，表示裹着土的草木花叶下垂的形态，下垂的意思；引申为边疆，边远地区，堂边屋檐下靠台阶的地方，旁边，靠近边缘，接近，低下，向下，流传下去，俯就，将要死亡等。

构字表义可记释为"垂（chuí）下"。

既表义又表音，表义与下垂相关。

义例：如"睡"表示坐着时眼睛往下垂地打盹儿。

秉（bǐng）

甲骨文	金文	小篆	隶书	楷书	简书
秉 秉	秉 秉	秉	秉	秉	秉

会意字，左面是表形构件"禾"，右面是表形构件"又"，一只"手"拿着一个"禾"，表示持拿的意思；引申为掌握，保持，依据等。

构字表义可记释为"秉（bǐng）手持"。

既表义又表音，表义与持拿相关。

义例：如"捧（bǐng）"表示用手持拿。

卑（bēi）

甲骨文	金文	小篆	隶书	楷书	简书
	𤰞 𤰞	𤰞	卑	卑	卑

会意字，上面是表形构件"甲"，下面是表形构件"又"，手持盾牌，表示躲避的意思；引申为低贱的行为，地势低，低劣，轻视等。

手持盾牌处于防守状态，是一种弱势的表达。

构字表义可记释为"卑（bēi）低贱"。

既表义又表音，表义与低贱，不正相关。

义例：如"婢（bì），甲骨文：𤰞"表示古代有罪之人的眷属中被充入官府服役的女子。

京（jīng）

甲骨文	金文	小篆	隶书	楷书	简书
京 京 京 京	京 京 京	京	京	京	京

会意字，上面是表形构件"高"，里面是标示构件一竖，"高"字下面中间加一竖线，表示男性成功流出元精的意思；引申为高大，程度深等。

构字表义可记释为"京（jīng）高"。

既表义又表音，表义与高大，完成相关。

义例：如"就，甲骨文：京"表示达到极高。

单，單（dān）

甲骨文				金文		小篆	隶书	楷书	简书
￥	￥	￥	￥	￥	￥	￥	單	單	單	单

象形字，表示一个树杈两个分叉削尖的形态，是用于捕猎和格斗的工具、武器；引申为一个，独一，奇数，孤独，不复杂，微弱，只有一层的，单薄等。

"單"简化为"单"。

构字表义可记释为"单（dān）武器"。

既表义又表音，表义与狩猎，战斗工具相关。

义例：如"弹（dàn），甲骨文：β"表示用于发射丸状打击物的工具弹弓。

肃，肅（sù）

甲骨文	金文	小篆	隶书	楷书	简书
	肅	肅	肃	肃	肃

会意字，上面是表形构件"聿"（笔），下面是表形构件"心"，表示书写时需要仔细认真，小心谨慎的意思；引申为恭敬，庄重，严厉，安静等。

"肅"简化为"肃"。

构字表义可记释为"肃（sù）心慎"。

既表义又表音，表义与谨慎，恭敬相关。

义例：如"繡（xiù）"表示小心谨慎地做丝线活。

九　画

南（nán）

甲骨文	金文	小篆	隶书	楷书	简书
𣍲 𢆉 𢆉	𢆉 𢆉 𢆉	南	南	南	南

象形字，表示殷商时期一种青铜制造的乐器的形态，假借为面向日出，右手的方向；引申为南方，乐舞等。

构字表义可记释为"南（nán）乐器"。

既表义又表音，表义与声音，编钟状容器相关。

义例：如"罱（lǎn）"表示在两根平行的短竹竿间连一张网，在斜向装两根长竹竿的用于捕鱼、捞水草、捞河泥的工具。

柬（jiǎn）

甲骨文	金文	小篆	隶书	楷书	简书
	柬 柬	柬	柬	柬	柬

会意字，在表形构件"束"（捆绑的木棍）字中间加"八"，表示从捆绑的木棍中选出，挑选意思。

构字表义可记释为"柬（jiǎn）挑选"。

既表义又表音，表义与挑选相关。

义例：如"拣（jiǎn）"表示用手挑选。

禺（yù，yú）

甲骨文	金文	小篆	隶书	楷书	简书
	禺	禺	禺	禺	禺

yù，象形字，表示古代传说中面貌丑陋的类猴动物的形态。

yú，引申为动作笨拙，愚笨等。

构字表义可记释为"禺（yú）笨"。

既表义又表音，表义与愚笨相关。

义例：如"愚，金文：🐾"表示痴傻。

重（zhòng，chóng）

甲骨文	金文	小篆	隶书	楷书	简书
重	重 重	重	重	重	重

zhòng，会意字，左面是表形构件"人"，右面是表形构件"东"（皮袋子），人背着大行囊，表示分量大，沉的意思；引申为分量，丰厚，价值高，程度深，主要，吝惜，端庄，言行谨慎，难，迟缓，声音粗浊，增加，担当，责任大，威望，权力，装载量大的器物等。

chóng，引申为同一事物再次出现，两个，加上，怀孕，意犹未尽，拖累，多，倍等。

构字表义可记释为"重（zhòng）量大"。

既表义又表音，表义与沉重相关。

义例：如"量，甲骨文：![icon]"表示测量轻重、容积的器具。

禹（yǔ）

甲骨文	金文	小篆	隶书	楷书	简书
	乇 乇	禹	禹	禹	禹

象形字，表示用手捉住蛇的形态；引申为能捉蛇的人，勇敢的人等。

构字表义可记释为"禹（yǔ）捉蛇"。

既表义又表音，表义与蛇，虫相关。

义例：如"踽（jǔ）"表示像蛇一样独自行走的样子。

叚（jiǎ）

甲骨文	金文	小篆	隶书	楷书	简书
	叚 叚	叚	叚	叚	叚

会意字，左面是标示构件"厂"（反转），标示构件两点代表铜锭，右上是表形构件"爪"，右下是表形构件"又"，表示借助似手类工具翻转被加工的铜锭，借助的意思。本义由转注

字"假"继承。

在殷商时期，制作青铜器的材料是成品铜锭，而铜锭的原料是铜矿石。人们开采铜矿石，用陶土等材料制作铸锭的模具，将液态铜倒入模具中，待铜液冷却凝固后，打开模具，方能取出铜锭。

构字表义可记释为"叚（jiǎ）借助"。

既表义又表音，表义与借助相关。

义例：如"假"表示通过人的借助。

十 画

兼（jiān）

甲骨文	金文	小篆	隶书	楷书	简书
	兼	兼	兼	兼	兼

会意字，表形构件"又"持着两根表形构件"禾"，同时持有二禾，表示并持，合并的意思；引申为同时涉及两件及以上的，加倍，加上，重复，积累，尽，连同，并且等。

构字表义可记释为"兼（jiān）并持"。

既表义又表音，表义与并持，合并相关。

义例：如"嗛（xián）"表示用嘴含住。

寉（hè，hú）

甲骨文	金文	小篆	隶书	楷书	简书
		寉	寉	寉	寉

　　hè，会意字，上面是标示构件"宀"（穿通符号），下面是表形构件"隹"（鸟），表示一种可以在天地间穿梭的鸟，仙鹤的意思。本义由转注字"鹤"继承。

　　hú，引申为极高等。

　　构字表义可记释为"寉（hè）高飞鸟"。

　　既表义又表音，表义与并持，合并相关。

　　义例：如"鹤"表示在天上与仙人在一起的鸟。

十一画

堇（jǐn）

甲骨文	金文	小篆	隶书	楷书	简书
𦰩	𦰩	堇	堇	堇	堇

　　会意字，上面的表形构件代表戴枷锁的人，下面是表形构件"火"，表示将人放在火上献祭求雨的意思；引申为干旱，虔诚，烧烤，艰难，灾难等。

　　构字表义可记释为"堇（jǐn）燎祭"。

　　既表义又表音，表义与诚敬，艰难，火烧相关。

　　义例：如"勤"表示诚敬艰难地劳作。

兜（dōu）

甲骨文	金文	小篆	隶书	楷书	简书
		兜	兜	兜	兜

会意字，表形构件"兒"两边各加一个耳状符号的标示构件，给小孩子的头上罩上物品，头盔的意思；引申为一种帽子，装物品的布袋，把物品拢起来，承担，包围等。

构字表义可记释为"兜（dōu）头盔"。

既表义又表音，表义与头盔状物相关。

义例：如"篼（dōu）"表示用竹子做的带有两个耳形手柄的装喂马饲料的器具。

象（xiàng）

甲骨文	金文	小篆	隶书	楷书	简书
		象	象	象	象

象形字，表示动物大象的侧面形态；引申为有形之物，相貌，想象，描绘，象征，类似等。

构字表义可记释为"动物象（xiàng）"。

既表义又表音，表义与动物，类似相关。

义例：如"豫（yù）"表示体形大的象。

庸（yōng）

甲骨文	金文	小篆	隶书	楷书	简书
			庸	庸	庸

　　会意字，上面是表形构件"庚"（可以连续转动发出声响的铃），下面是表义构件"用"，表示可用手持木棍敲击的大钟；引申为采用，使用，功劳，劳苦，酬谢，受雇用，平常等。

　　构字表义可记释为"庸（yōng）乐器"。

　　既表义又表音，表义与乐器，采用，使用相关。

　　义例：如"傭"表示受雇劳作的人。

十四画

熏（xūn）

甲骨文	金文	小篆	隶书	楷书	简书
			熏	熏	熏

　　会意字，下面是表形构件"火"，上面的表形构件代表皮橐（tuó），里面的小点是代表烟灰的标示构件，用皮橐（tuó）将烟扇入洞穴驱赶野兽，表示烟熏的意思；引申为用火炙烤，烟气，沾染等。

构字表义可记释为"烟熏（xūn）"。

既表义又表音，表义与烟熏，火烤相关。

义例：如"曛"表示太阳落下，天色有点昏暗的黄昏时分。

第三部分

特殊部件

▽

象形字，表示女性坤户的倒三角形态，女性生殖器官，生育的意思。该符号出现在甲骨文和金文中。

构字表义可记释为"倒三角▽女坤户"。

表义与女性坤户，生育相关。

义例：如"才，金文：𢎚"表示放在女性坤户上的卫生带；"不，甲骨文：𣎴"表示生殖器官流血，禁止结合。

△

象形字，表示男性生殖器官的正三角形态。该符号出现在甲骨文和金文中。

构字表义可记释为"正三角△男根"。

表义与男性生殖器官相关。

义例：如"高，甲骨文：𠊱"表示男性生殖器官挺立；"京，甲骨文：𠇲"表示男性生殖器官流出元精。

⊙

指事字，抽象字根，在一个圆盘中间加一个点，表示抽象意义的目标、目的，在构字中会以"日""白"的形式出现。

这个字在外面画出一个范围，中间画一个点或者一条短线，就如同射箭的靶一样。

构字表义可记释为"⊙圈点目的"。

表义与目标、目的相关。

义例：如"习（習），甲骨文：习"表示鸟儿张开双翅练习飞往目的地；"晋（晉），甲骨文：晋"表示弓箭一支接一支地射中靶心；"是，金文：是"表示径直走向目的地。

Λ

象形字，表示男性生殖器官的形态。

构字表义可记释为"Λ形男根"。

表义与男性生殖器官相关。

义例：如"合，甲骨文："合"表示男女结合。

但是这个符号也会表达其他含义，如"冠，甲骨文：冠"表示用手将帽子戴在头上；"食，甲骨文：食"表示人张开嘴靠近食具准备吃东西；"龠（yuè），甲骨文：龠"表示用嘴吹奏的排管乐器。

⊢

象形字，表示抽象意义上的穿通，在设定的两端之间可以自由往来。

构字表义可记释为"⊢形穿通"。

表义与穿通相关。

义例：如"巫，甲骨文："巫"表示可以沟通过去、未来的人。

象形字，表示人流血的形态。

构字表义可记释为"血三分线"。

表义与流血状相关。

义例：如"不，甲骨文：　"，表示女性生殖器官流血，禁止结合；"耑 tuān，甲骨文：　"表示脚受伤后出血量很大。

参考文献

［1］安子介.解开汉字之谜［M］.香港：福瑞有限公司，1990.

［2］白川静.常用字解［M］.北京：九州出版社，2010.

［3］晁福林.夏商西周史丛考［M］.北京：商务印书馆，2018.

［4］陈梦家.殷墟卜辞综述［M］.北京：中华书局，1988.

［5］丁山.商周史料考证［M］.北京：中华书局，1988.

［6］董来运.汉字的文化解析［M］.上海：上海古籍出版社，2002.

［7］窦文宇.汉字字源［M］.长春：吉林文史出版社，2005.

［8］汉语大字典编辑委员会.汉语大字典［M］.成都：四川辞书出版社，2010.

［9］何大齐.万有汉字［M］.北京：生活·读书·新知三联书店，2018.

［10］胡厚宣.殷商史［M］.上海：上海人民出版社，2019.

［11］黄德宽.商代文字字形表［M］.上海：上海古籍出版社，2017.

［12］黄复雄.汉语四千年［M］.北京：北京时代华文书局，2019.

［13］姬克喜.甲骨文图解［M］.郑州：中州古籍出版社，2010.

［14］井中伟.夏商周考古学［M］.北京：科学出版社，2010.

［15］李琳之.何以华夏［M］.北京：研究出版社，2023.

［16］李琳之.晚夏殷商八百年［M］.北京：研究出版社，2022.

［17］李硕.翦商：殷周之变与华夏新生［M］.桂林：广西师范出版社，2022.

［18］李硕.孔子大历史［M］.上海：上海人民出版社，2019.

［19］李学勤.字源［M］.天津：天津古籍出版社，2012.

［20］林藜.字字有来头［M］.上海：上海三联书店，2018.

［21］刘剑.古文字构形学［M］.福州：福建人民出版社，2006.

［22］刘翔.商周古文字读本［M］.北京：语文出版社，1989.

［23］刘钊.甲骨文常用字字典［M］.北京：中华书局，2019.

［24］刘志基.中國漢字文物大系［M］.郑州：大象出版社，2013.

［25］吕景和.汉字解形释义字典［M］.北京：华语教学出版社，2019.

［26］裘锡圭.文字学概要［M］.北京：商务印书馆，2013.

［27］宋镇豪.商代史［M］.北京：中国社会科学出版社，2011.

［28］苏三.汉字起源新解［M］.北京：东方出版社，2010.

［29］唐汉.汉字与日月天地［M］.太原：书海出版社，2010.

［30］图说细说汉字大全集编委会.图说细说汉字［M］.北京：中国华侨出版社，2010.

［31］王力．汉语讲话［M］．北京：北京联合出版公司，2019.

［32］王铁钧．汉字的故事［M］．北京：北京联合出版公司，2019.

［33］王宇信．甲骨学通论［M］．北京：中国社会科学出版社，2015.

［34］王元鹿．中国文字发展史［M］．上海：华东师范大学出版社，2013.

［35］徐无闻．甲金篆隶大字典［M］．成都：四川辞书出版社，1991.

［36］许进雄．汉字与文物的故事［M］．北京：化学工业出版社，2020.

［37］许进雄．甲骨文有故事［M］．北京：化学工业出版社，2021.

［38］许惟贤．说文解字注［M］．南京：凤凰出版社，2010.

［39］姚孝遂．殷墟甲骨刻辞类纂［M］．北京：中华书局，1989.

［40］于省吾．甲骨文字诂林［M］．北京：中华书局，1996.

［41］于省吾．甲骨文字释林［M］．北京：商务印书馆，2010.

［42］张光直．商文明［M］．北京：生活·读书·新知三联书店，2019.

［43］张广志．西周史与西周文明［M］．上海：上海科学技术文献出版社，2012.

［44］张克敏．汉字的思考［M］．上海：上海社会科学院出版社，2019.

［45］张亚初.商周古文字源流疏证［M］.北京：中华书局，2014.

［46］中国国家博物馆.文物夏商周史［M］.北京：世界图书出版有限公司北京分公司，2019.

［47］中国社会科学院考古研究所.中国考古学·夏商卷［M］.北京：中国社会科学出版社，2003.

［48］中华人民共和国教育部国家语言文字工作委员会.汉字部首表：GF 0011—2009［S］.北京：语文出版社，2009.

［49］中华人民共和国教育部国家语言文字工作委员会.现代常用字部件及部件名称规范：GF 0014—2009［S］.北京：语文出版社，2009.

［50］周宝宏.近出西周金文集释［M］.天津：天津古籍出版社，2005.

［51］邹晓丽.基础汉字形义例源［M］.北京：中华书局，2007.